KB233510
KB233510

터키인들의 유머

이 동 진 옮김

터키인들의 유머

초판 1쇄 | 펴낸날 2008년 8월 30일

옮긴이 · 이동진
펴낸곳 · 해누리기획 | 발행인 · 이동진
편집주간 · 이동진
편집 · 윤나리
마케팅 · 김진용 · 김승욱

등록 1998년 9월 9일(제16-1732호)
주소 121-251 서울시 마포구 성산1동 239-1번지 성진빌딩 B1
전화 02)335-0414 · 0415 | 0502-569-0588 · 3698
팩스 02)335-0416 | 0502-569-0589
e-mail | sunnyworld@henuri.com

ISBN 978-89-6226-002-1   03890

터키인들의 유머

해설

　터키인들의 유머와 일화에서 가장 유명한 인물은 나스레 딘 호디야다. 그는 1208년에 터키 시브리히사르 주 호르토 마을에서 태어났으며 그의 아버지는 호르토 마을의 이슬람 성직자였다. 그는 시브리히사르 대학교를 졸업한 뒤 대학교 수로 활동했고 유머와 재치로 널리 알려졌다. 그는 1284년에 사망하여 아크세히르 부근의 공동묘지에 묻혔다고 하는데 그와 관련된 수많은 유머와 일화 가운데 상당수는 후세에 창작된 것으로 보인다.

　베크리 무스타파는 술탄 무라트 4세(재위 1623-40) 당시에 생존했던 인물로 알려져 있다. 그가 술탄의 친구였다고 하는 설도 있다. 술탄은 금주령을 철저하게 시행했는데 베크리 무스타파는 술을 즐겨 마시면서 금주령에 저항했기 때문에 애주가 및 금주령 반대파의 상징적 대표자로 부각되었다.

　인칠리 샤브슈는 베크리 무스타파와 동시대에 살았던 인물이라고 주장하는 사람들도 있지만 그렇지 않다고 하는 사람들도 있다. 그는 쾌활하고 재치가 풍부한 인물이었다. 그가 술탄의 '수행원' 으로 등장하는 일화도 있기는 하지만 사실 그는 궁중생활을 대수롭지 않게 여기고 조롱하는 편이었다. 그는 일종의 궁중 어릿광대의 역할을 하고 있었다.

벡타시는 이슬람교의 여러 종파 가운데 관용과 개인의 자유를 중요시하는 종파에 속하는 인물이었다. 그는 유머와 재치가 풍부하고 직설적이며 술을 많이 마시는가 하면 단식, 기도, 순례 등 이슬람의 엄격한 규율을 그다지 존중하지 않았다.

유머와 일화는 단순히 웃고 지나가는 이야기 거리에 불과한 것이 아니라, 웃음 뒤에 깊이 숨어 있는 생활의 지혜를 통해서 삶의 건강한 재미를 가르쳐 준다는 데에 그 가치가 있다. 그러한 의미에서 '터키인들의 유머' 는 현대를 살아가는 우리에게도 유익한 교과서가 될 것이다.

천재적인 장사꾼

그는 작은 옷가게를 운영하여 겨우 먹고살아가면서 한 푼 두 푼 저축도 했다.

그러던 어느 날, 다른 옷장사가 그의 가게 오른쪽에 있는 빈 가게를 세내어 들어섰다.

얼마 후 또 다른 옷장사가 그의 가게 왼쪽에 있는 빈 가게를 얻어 장사를 시작했다.

날이 갈수록 경쟁이 심해졌고 그의 수입은 점차 줄어들었다. 그러다가 드디어 그는 해결책을 발견했다.

그의 오른쪽 가게 주인이 문 위에 이런 간판을 걸었다.

"가장 싼 값의 옷은 여기서 팝니다."

그의 왼쪽 가게 주인은 이런 간판을 걸었다.

"가장 다양한 품목이 있는 가장 큰 상점은 여깁니다."

가련한 샌드위치 신세가 된 그는 이런 간판을 내걸었다.

"입구는 여깁니다."

전투 준비

　어느 날 한 소년은 아메리카 인디언이 얼굴에 물감을 칠하는 영화 장면을 텔레비전에서 보고는 아버지에게 물었다.
　"아빠! 저 사람들은 지금 뭘 하고 있어요?"
　아버지가 당연하다는 듯이 대꾸했다.
　"애야, 인디언들은 지금 전투 준비를 하고 있는 거란다."
　다음 날 아침, 소년은 화장대에서 화장을 하고 있는 어머니를 보고는 곧장 아버지에게 달려가서 말했다.
　"아빠! 불행한 일이 벌어질 거예요. 엄마가 지금 전투 준비를 하고 있거든요!"

호기심

어느 성직자가 대도시에 처음 올라와서 눈에 제일 먼저 띄는 레스토랑에 들어갔다.

테이블에 자리를 잡은 뒤 식사를 주문하고 나서 그는 손을 씻으려고 화장실에 갔다. 다시 테이블로 돌아오던 그는 그 레스토랑 안에 있던 모든 사람이 자기를 쳐다보며 배꼽을 잡고 웃는 것을 보았다.

그래서 웨이터를 오라고 손짓해서 부른 다음에 물었다.

"이봐! 여기 손님들이 왜 모두 나를 쳐다보면서 웃고 있지?"

웃음을 참지 못해 손으로 입을 가린 웨이터가 대답했다.

"그거야... 그럼... 화장실 벽에 붙은 그림 때문이지요. 그 그림, 보셨나요?"

"그야 물론 봤지."

"그 그림의 발가벗은 미녀에게는 무화과나무 잎사귀가 하나 붙어 있는데..."

"그래, 그 잎사귀도 난 봤지."

"그런데 말예요. 누구든지 그 잎사귀를 들어 올리면 이 레스토랑 안에 있는 차임벨이 울리게 되어 있거든요. 사람들이 배를 잡고 웃는 이유는 바로 그겁니다!"

주정뱅이보다 더 똑똑한 앵무새

어떤 주정뱅이가 술이 거나한 상태에서 경매장에 들어섰다. 마음에 드는 앵무새가 한 마리 있어서 사려고 했는데 누군가가 계속해서 경매가격을 올려서 불렀다. 그래서 그는 더 높은 가격을 불렀다. 결국 예상했던 것보다 대단히 비싼 값에 그 앵무새를 손에 넣게 되었다.

경매장에서 나갈 때 그는 제 정신이 들어서 혼잣말로 중얼거렸다.

"내가 정말 바보짓을 했어. 이 새가 말을 할 줄 아는지 모르는지 물어보지도 않은 채 그 많은 돈을 지불했으니 말이야."

그러자 앵무새가 캑캑거리면서 말했다.

"네 몸값을 누가 올렸다고 생각해?"

탐관오리

에디르네 지방의 주지사로 새로 임명된 오토만 제국의 고위관리는 재직기간 중에 한 재산 두둑이 모을 작정을 했다. 그래서 한 가지 묘안을 짜냈다.

　오토만 제국의 지배를 받는 소수민족 대표들이 그의 부임을 축하하기 위해 주지사 집무실에 들어설 때마다 그는 한 구석에 매어 둔 염소를 손으로 가리키면서 물었다.

“저건 뭐요?”

소수민족 대표들은 솔직하게 대답했다.

“지사님, 저건 염소입니다.”

“틀렸소! 틀린 대답을 한 벌금으로 금화 500개를 내시오!”

그래서 아르메니아 대표와 그리스 대표가 각각 금화 500개를 바치지 않을 수가 없었다.

이어서 유대인 대표가 집무실에 들어서자 주지사가 물었다.

“친애하는 랍비님, 저건 뭐요?”

랍비는 환하게 웃으면서 대답했다.

“존경하는 지사님! 저건 암컷 염소도 아니고 수컷 염소도 아니며 양도 아닙니다. 저건 바로 하늘이 내린 재앙이지요. 그러니까 말씀만 하십시오. 얼마를 내면 우리가 이 재앙에서 벗어날 수 있는지 말입니다!”

속임수

여름이 끝나고 가을로 접어들 무렵, 이드리스는 이스탄불에서 유람선의 왕복표를 산 뒤 배를 타고 리제에 놀러갔다.

페리 유람 코스가 끝났는데도 그는 이스탄불에 돌아가려고 하지 않았다.

그러자 호기심을 못 이긴 그의 친구가 물었다.

"이스탄불에 안 돌아갈 거야? 만일 돌아가지 않으면 넌 왕복표의 절반을 손해 보게 돼."

그는 싱긋이 웃으며 대꾸했다.

"난 여기 오긴 왔지만 돌아가진 않겠어. 난 지금 유람선 회사 놈들을 속이고 있거든."

엉뚱한 짓을 하는 의사

테멜은 시력이 나빠지는 것을 느꼈다. 그래서 이스탄불로 안과 의사를 찾아갔다. 그의 눈을 검사하고 난 의사는 그에게 누우라고 지시했다. 그가 지시대로 눕자 의사는 그의 엉덩이에 주사를 한 대 놓아 주고 나서 말했다.

"염려할 거 없어요. 곧 나을 거요."

테멜이 영문을 알 수 없다는 표정으로 반문했다.
"의사 선생님! 난 절대로 속지 않는다고요! 난 분명히 내 눈이 나쁘다고 말했는데 당신은 눈에서 제일 먼 곳을 치료했잖아요!"

금주하든 말든 오십보백보

벡타시가 병이 들자 그의 친구가 말했다.
"이젠 술을 끊어!"
그가 고개를 가로 저으며 강한 어조로 대꾸했다.
"금주? 그건 절대로 안 돼!"

"왜 안 된다는 거야?"

"난 술을 끊을 수가 없어."

"술을 안 끊으면 넌 머지않아 죽어!"

"그야 그렇지. 하지만 술 없이 사는 걸 살아 있다고 할 수
있겠어?"

품위 유지비를 줄이는 방법은?

어느 지방장관인 파샤가 품위 유지비용이 너무 많이 든다
고 불평을 하면서 그 비용을 줄이는 방법에 관해 친구들에게
조언을 구했다.

마침 그 자리에 있던 베크리는 그의 말을 참을성 있게 다
들은 다음에 한 가지 좋은 묘안을 이렇게 알려 주었다.

"장관님, 그건 너무나도 쉬운 일이지요! 장관님은 기도를
하지 않으시니까 대머리지요. 게다가 글자를 모르는 까막눈
이시지요. 밤마다 초대를 받아 손님으로 가시지요. 독신이시
지요.

또한 주변에 성직자, 이발사, 비서, 요리사 따위를 거느릴
필요도 없으시고 으리으리한 저택도 필요가 없으시지요!

그러니까 지금 거느리고 계시는 이 모든 사람들을 해고해

버리고 조촐한 집으로 이사를 가신다면 엄청나게 비용을 줄
이실 수가 있다 이겁니다!"

취소해서는 안 되는 약속도 있다!

사장이 여비서에게 물었다.
"내가 지시한 대로 나의 이번 주말 약속을 모조리 취소했
는가?"
여비서가 대답했다.
"물론이지요, 사장님. 그런데 독신녀 레만은 기분이 몹시
상했어요. 사장님은 이번 주말에 그녀와 결혼할 예정이었거
든요!"
사장은 여비서를 멍하니 쳐다보기만 했다.

연못이 커피 잔인 줄 아나?

어느 정신병원 정원에서 환자 두 명이 산책을 하고 있었
다. 그 중 한 명이 걸음을 멈추더니 작은 연못 앞에 무릎을 꿇

고는 손으로 물을 떠서 입에 넣은 다음 다시 뱉었다.

같이 가던 동료가 물었다.

"무슨 일이야?"

물을 떠서 입에 넣었던 그가 이상하다는 표정으로 대답했다.

"알다가도 모를 일이야. 아침에 내가 여기에 각설탕 두 개를 넣었는데 물이 왜 아직도 달지가 않은지 모르겠어."

바보 같은 소리는 집어치우라는 식으로 동료가 대꾸했다.

"그야 당연하지! 넌 물을 잘 젓지 않았거든!"

비밀장소를 정말로 알고나 하는 소린가?

사람들이 모여서 나쁜 음주 습관과 술의 해독에 관해서 논의하고 있었다.

그 자리에 있던 호디야가 입을 열었다.

"사람들이 비밀장소에 모여서 술을 즐긴다고 하는 말을 나는 들었지요. 술이 금지되어 있는데도 불구하고 그들은 왜 죄를 짓지요? 또 내가 알기로는 젊은이들이 은밀한 장소에 모여서 해가 진 뒤부터 다시 해가 뜰 때까지 술을 마시는데..."

베크리 무스타파가 갑자기 자리에서 일어나더니 호디야에

게 다가가 물었다.

"존경하는 호디야님, 이놈들이 도대체 어디서 이런 죄를 짓고 있는지 말씀해 주시겠어요?"

잠자는 사람을 깨우는 기발한 방법

단식을 하는 거룩한 달에 케멜이 아내와 부부싸움을 했다. 내막을 잘 아는 그의 친구 테멜이 물었다.

"새벽이 되기 직전에 식사하라고 너를 누가 깨워주지?"

별 싱거운 질문이 다 있다는 듯 케말이 무뚝뚝하게 대꾸했다.

"그야 내 마누라지."

"너희 부부는 서로 말도 하지 않잖아!"

"그건 그래. 그렇지만 내 마누라는 기발한 방법을 고안해 냈어."

호기심이 발동한 케멜이 물었다.

"기발한 방법이란 건 뭔데?"

"마누라는 내 침실에 고양이를 집어넣는 거야."

"뭐라고? 고양이가 어떻게 잠자는 사람을 깨워 주겠어?"

"깨워 주고 말고! 난 개를 데리고 자거든!"

그놈이 두 손이 잘리기만 하면 된다!

벡타시는 남에게 얻어맞을 때마다 이렇게 말했다.

"거룩한 광채가 당신의 두 손을 잘라버리기를 빕니다!"

어느 날 사람들이 그에게 이렇게 말했다.

"당신, 미쳤소? 당신은 그를 저주하기는커녕 오히려 축복하는 거요!"

"축복이나 저주나 나에게는 다 그게 그거요. 어쨌든 그놈이 두 손이 잘리기만 하면 되는 거요!"

그 소식은 누구한테 들었지요?

하늘이라도 무너질 듯 몹시 근심에 찬 표정으로 호디야의 아내가 카디를 찾아가서 이렇게 말했다.

"제 남편 호디야가 이웃 마을에 갔어요. 그는 과일을 따려고 나무에 올라갔다가 떨어져서 머리가 깨졌지요. 그래서 그 자리에서 즉사하고 말았어요!"

카디는 동정심에 가득 찬 음성으로 그녀에게 물었다.

"그게 정말입니까? 그런데 그 소식은 누구한테 들었지요?"

그러자 그녀는 조용한 어조로 대꾸했다.

"누구한테 들었냐고요? 존경하는 카디님, 우린 가난한 사람들이에요. 그야 물론 제 남편이 직접 제게 말해 주었지요!"

젊은 여자의 속마음

젊은 여자가 자기 남자 친구에게 물었다.

"지금 이 순간에 무슨 생각을 하고 있지요?"

"그야 네가 지금 속으로 무슨 생각을 하고 있는지를 생각하고 있지."

그러자 젊은 여자가 토라진 음성으로 쏘아붙였다.

"내 마음을 알아보려면 마음대로 해 봐! 난 목이 터져라 하고 엄마를 소리쳐 부를 테야!"

술은 문제가 아니다!

벡타시는 술이 너무 취해서 제대로 걸을 수가 없었다. 그가 비틀비틀 갈지자걸음으로 걸어가고 있을 때 이웃집에 사는 사람을 만났다.

이웃집 사람이 그를 나무랐다.

"아니! 곤드레만드레 술 취하는 게 얼마나 나쁜 짓인지 모르세요?"

벡타시는 미소를 띠우면서 대꾸했다.

"술 취하는 게 뭐가 나쁘냐? 술은 아무 문제가 없어. 다만 제대로 걸어갈 수 없다는 게 거지같은 문제지 뭐냐!"

군인은 죽음을 두려워하지 않는다!

장교가 사병들에게 음주를 금지했다. 그래서 벽에 이러한 표어를 크게 써 붙였다.

"술은 사람을 죽인다!"

다음 날 아침 누군가가 그 표어에 글을 한 줄 추가했다.

"군인은 죽음 따위 결코 두렵지 않다!"

모국 전체를 먹어치울 훈련병들

훈련소에 새로 입소한 훈련병들이 상사에게 항의했다.

"상사님! 이 수프는 먹을 수가 없어요! 모래만 잔뜩 들어있다 이겁니다!"

상사는 화가 나서 소리쳤다.

"무슨 소리야? 너희들은 식사 불평이나 하려고 여기 온 거야?"

훈련병들이 이구동성으로 대답했다.

"저희는 모국을 지키기 위해서 여기 왔습니다!"

그러나 그 가운데 한 명은 이렇게 내뱉었다.

"하지만 이런 수프를 먹다가는 우리가 지킬 모국이란 존재하지도 않을 거야. 우린 모국 전체를 먹어치울 테니까!"

피장파장

어느 날 친구들과 대화하는 자리에서 벡타시가 어떤 사람을 입에 침이 마르도록 칭찬했다. 좌중에서 한 사람이 그에게 이렇게 말했다.

"이거 보세요. 당신은 그 사람을 그토록 칭찬하지만 그는 당신을 지독하게 비난하고 돌아다닌다고요!"

그러자 벡타시는 이렇게 대꾸했다.

"그야 사람은 누구나 잘못을 저지르게 마련이니까요!"

파티에서 살아남은 여자

젊은 여자 둘이 전날 밤 열렸던 파티에 관해 이야기를 나누고 있었다. 한 여자가 이렇게 말했다.

"내 파트너가 키스해도 좋으냐고 말했어. 난 너무 너무 흥분해서 즉시 기절하고 말았지 뭐니?"

다른 여자가 대꾸했다.

"내 파트너가 내게 한 말을 들었더라면 넌 그 자리에서 즉사했을 거야."

단식기간 라마단의 49번 째 날

단식 기간인 라마단의 하루하루가 지나가는 것을 알기 위해서 나스레딘 호디야는 하루에 돌 하나씩 그릇에 집어넣었다. 라마단의 며칠이 지나갔는지 알아보고 싶을 때마다 그는 돌을 꺼내서 세었다.

영리한 어떤 사내가 그것을 보고 밤에 몰래 그릇을 돌로 가득 채웠다. 그러고는 다음 날 물었다.

"호디야! 오늘은 라마단의 며칠째 되는 날인가?"

호디야가 집안으로 들어가서 그릇에 담긴 돌을 세어 보았다. 돌은 349개였다. 그는 혼잣말로 이렇게 중얼거렸다.

"어휴! 이건 너무 많아."

그러나 그는 밖으로 나가서 자기 친구인 그 사내에게 이렇게 대답했다.

"오늘은 라마단의 49번째 날이야."

영리한 사내가 반문했다.

"이거 봐, 호디야! 라마단에 49번째 날이 어디 있다고 그래?"

호디야가 미소를 지으며 대꾸했다.

"49번째 날인 걸 다행으로 여겨라. 그릇에 든 돌멩이로 따진다면 오늘은 라마단의 349번째 날이거든!"

빚을 갚기만 한다면…

나스레딘 호디야의 친구가 그에게 물었다.

"호디야! 나에게 골치 아픈 문제가 생겼어. 금화 다섯 개를 다섯 달만 빌려줘."

호디야가 잠시 생각해보더니 입을 열어 대꾸했다.

"난 부자가 아냐. 금화 다섯 개를 네게 그냥 줄 수는 없거든. 그렇지만 다섯 달 안에 갚겠다면 기꺼이 빌려줄 수는 있어!"

경마용 말이 된 애인

아내가 남편의 주머니를 뒤지다가 종이쪽지 하나를 발견했다. 거기에는 레일라라는 여자 이름과 전화번호가 적혀 있었다.

그 날 저녁, 아내가 종이쪽지를 남편에게 내밀면서 물었다.

"이건 누구 이름이에요?"

"아니, 당신은 이게 뭔지 몰랐단 말이야? 이건 경마장의 저 유명한 경마 이름이잖아! 난 그 말에 돈을 잔뜩 걸었어."

열흘이 지났을 때 직장에서 돌아온 남편에게 아내가 말했다.

"당신, 그 유명한 경마 레일라 알지요? 그 말이 오늘 당신에게 전화를 걸어왔는데 말이지요…"

사실은 말이지요…

테멜이 사령관에게 경례를 하고 나서 말했다.

"사령관님! 집에 가고 싶은데 허락해 주십시오. 머지않아 전 아버지가 될 예정이거든요."

사령관 자신도 아이들을 좋아하는 아버지였기 때문에 웃으면서 그에게 물었다.

"그런가? 축하하네. 그런데 아이는 언제 태어나나?"

테멜이 진지한 표정으로 대답했다.

"아이는 제가 집에 도착한 지 아홉 달이 지나서 태어나지요, 사령관님!"

최후의 심판 때 계산을 맞추는 법

벡타시는 아내의 요구대로 라마단 달에 단 하루 동안만 단식했다. 라마단이 끝나고 바이람 축일이 되자 친구들이 모여서 잡담을 했다.

그 자리에 있던 경건한 사람 하나가 이렇게 말했다.

"난 이번 라마단 동안 단식을 하루 빼먹었는데 최후의 심판 때 어떻게 보상을 해야 좋을지 모르겠어."

벡타시가 그를 돌아다보면서 대꾸했다.

"그건 아무 염려 마. 난 네가 단식을 빼먹은 바로 그 날만 단식을 했거든. 최후의 심판 때 그 문제로 네가 곤경에 처한다면 나한테 연락하라고. 내가 가서 계산을 잘 맞추어 줄 테니까."

산모의 엉덩이를 때리지 마라!

처음으로 아기의 출산을 담당하게 된 젊은 의사가 자기를 감독하던 교수에게 물었다.

"교수님, 이번 출산을 어떻게 보세요?"

나이 든 교수가 점잖게 대답했다.

“잘 했네. 하지만 말이야. 자넨 산모의 엉덩이가 아니라 아기의 엉덩이를 찰싹 때렸어야만 했어!”

만원 버스 속의 오해

버스는 초만원이었다. 젊은 여자가 문 바로 앞에 서 있었다. 젊은 사내가 여자에게 다가가서 물었다.
“미안합니다. 다음 정거장에서 내릴 겁니까?”
여자가 얼굴을 붉히며 대답했다.
“글쎄요. 그렇게 하고는 싶지만 난 그럴 수가 없어요.”
남자가 반문했다.
“정말요? 왜요?”
여자가 대답했다.
“보세요. 여기 우리 어머니가 같이 있잖아요!”

불 없는 지옥은 없나?

호디야가 지옥에 관해서 자세히 설명하고 있었다. 그는 구석구석 세밀한 부분까지 묘사했다.

"지옥은 7층입니다. 신앙이 없는 자들은 1층에서 불에 탑니다. 도박꾼들은 2층에서 불에 탑니다. 저주하는 자들은 3층에서 불에 탑니다. 그리고 4층에서는...."

벡타시가 말을 가로 막았다.

"간단하게 줄여서 말해 봐요! 불 없는 곳이 어딘지 말해 보라고요!"

당신 가재를 불러오라고요!

소년이 개를 데리고 바닷가를 산책하고 있었다. 개는 바다가재로 가득 찬 통을 발견하고는 그 통에 머리를 처박았다. 그러자 가재가 개의 귀를 물었다. 가련한 개는 고통에 못 이겨 깽깽거리면서 달아났다.

가재를 잡은 어부가 소년에게 소리쳤다.

"이거 봐! 저 개를 당장 이리 불러와!"

그러자 소년이 코웃음을 치면서 대꾸했다.

"내가 왜 내 개를 불러와야만 해요? 당신이 당신 가재를 불러오면 그만이잖아요!"

어젯밤에 무슨 일이?

"도대체 어젯밤에 정말 무슨 일이 있었던 거야?"

"자세히 말해줄까? 사실은 말이야. 금발의 내 여비서가 어젯밤 내 생일축하를 해준다면서 나를 자기 집에 초대했어. 우린 저녁을 먹고 포도주도 마시고 춤도 추었지. 밤 열두 시가 되었을 때 그녀가 내 귀에 입을 댄 채 속삭였어. '난 지금 침실에 갈 거예요. 오 분 뒤에 따라오세요. 정확하게 오 분 뒤에 와야 되요. 알았지요?' 그래서 오 분 뒤에 그녀의 침실로 내가 들어섰을 때 우리 회사의 전 직원이 거기 모여 있다가 '생일 축하합니다, 사장님!' 하고 노래를 부르기 시작했지 뭐야."

"야, 그거 참 멋진 장면이었군 그래!"

"멋진 장면 좋아하네. 빌어먹을! 그녀의 침실에 들어간 나는 완전히 발가벗고 있었다 이거야!"

흑인이 흑인인 이유

흑해 연안의 파자르 마을 출신인 사내가 고향으로 돌아가는 도중에 길에서 흑인을 만났다. 그래서 그는 그 흑인에게 물었다.

"당신은 파자르 출신인가요?"

"아닙니다."

"헴신 출신인가요?"

"아닌데요."

"그러면 리제 출신인가요?"

"아닌데요."

"아, 그래요? 바로 그러니까 당신은 그 모양이군요!"

폭스바겐 엔진은 앞에 없다

흑해 연안 출신인 두 사내가 독일에서 오랫동안 일을 했다. 근무를 끝낸 그들은 드디어 폭스바겐을 한 대 산 다음 터키를 향해 출발했다. 그들이 발칸 반도를 통과할 무렵, 테멜이 케멜에게 말했다.

"자동차 보닛을 열고 안에 무엇이 들었는지 봐라."

케멜이 보닛을 열어보고 나더니 비명을 내질렀다.

"테멜! 엔진이 도중에 어디선가 떨어져 나갔잖아!"

밀린 기도와 미리 바치는 기도

술주정뱅이 무스타파가 베야지트 모스크에 가서 안을 한 바퀴 둘러보려고 했다. 기도 시간도 아닌데 열심히 기도를 바치고 있는 노인을 발견한 그가 말을 걸었다.

"죄송하지만 한 가지 물어보겠어요. 노인은 여태껏 오랫동안 기도를 바치고 있는 모양이신데… 어느 기도 시간을 위해 기도하는 건가요?"

"난 지난 번 기도 시간에 참석하지 못했기 때문에 밀린 기도를 지금 바치는 거야."

그 말을 들은 술주정뱅이가 기도를 하기 시작했고 노인은 그를 유심히 바라보았다. 그가 기도를 한 차례 마치고 나서 다시금 기도를 시작하려고 하자 노인이 물었다.

"젊은이! 자넨 지금 무슨 기도 시간을 위한 기도를 바치고 있지?"

"난 앞으로 바쳐야 할 기도를 지금 미리 바치는 겁니다."

"그런 기도는 안 되지."

"안 될 게 어디 있어요? 하느님께서 당신의 밀린 기도를 받아주신다면 내가 미리 바치는 기도를 받아주시지 않을 리가 없잖아요!"

오해하지 말아요

택시 기사가 들판에서 갑자기 차를 세웠다. 뒷좌석의 사내가 기사에게 물었다.
"차를 왜 세웠지요? 타이어가 펑크가 나기라도 했나요?"
택시 기사가 대꾸했다.
"펑크는 무슨 펑크! 뒤에 앉은 아가씨가 '더 이상 가지 말아요.' 라고 말했잖아요!"
사내가 퉁명스럽게 내뱉었다.
"그건 당신에게 한 말이 아니라고요!"

마누라의 잦은 외출

사람들이 호디야에게 말했다.
"당신 부인은 외출을 너무 자주하는데 말이지요."
호디야가 고개를 가로 저었다.
"난 그렇게 보지 않아요. 마누라가 자주 외출을 한다면 우리가 있는 곳에도 가끔 들렀을 테니까요."

김칫국부터 마시지 마라

사장이 여비서에게 말했다.
"주말에 어디 여행할 계획이라도 있나?"
여비서는 사장의 초대를 참으로 오랫동안 고대해 왔기 때문에 기대감에 가득 찬 표정으로 대답했다.
"아니요. 집에 있을 거예요."
사장의 대꾸는 엉뚱했다.
"그럼 잘 됐군. 당신은 월요일에 늦지 않고 제대로 출근할 테니까."

여자가 미친 듯이 비명을 지르는 이유는?

테멜의 어머니는 이스탄불 출신이고 그의 아버지는 흑해 연안의 리제 출신이었다. 그의 가족이 이스탄불을 방문했을 때 외삼촌이 그를 오페라 극장에 데리고 갔다. 마침 교향곡이 연주되고 있었다. 무대를 눈이 뚫어지게 쳐다보던 테멜이 외삼촌에게 물었다.

"저기 높은 연단에 올라선 남자는 왜 손에 든 몽둥이로 여자를 위협하지요?"

"얘야, 저 사람이 손에 든 것은 몽둥이가 아니라 지휘봉이야. 그리고 그는 여자를 위협하는 게 아니라 오케스트라를 지휘하고 있어. 그는 지휘자거든."

그러자 테멜이 이상하다는 듯이 반문했다.

"그래요? 저 남자가 저 여자를 위협하지 않는다면 저 여자는 무엇 때문에 저렇게 미친 듯이 비명을 지르고 있지요?"

사람보다는 당나귀를 더 믿는 시장

시장이 도박장의 영업허가를 취소하고 그 주인을 교외의 다른 지역으로 추방했다. 그러나 도박장 주인은 교외로 쫓겨난 뒤에도 그 지역에서 여전히 자기 '직업' 을 계속했다. 도박꾼들이 당나귀를 타고 그 지역으로 몰려가기 시작했다.

주민 가운데 몇몇 사람이 시장에게 달려가서 도박장을 막아 달라고 요구했다. 그래서 시장이 도박장이 들어섰다고 하는 여관의 주인을 불러들였다.

그리고 그 주인에게 말했다.

"당신은 여관에 도박꾼들을 불러들이고 있다는 보고가 있어요."

여관 주인이 펄쩍 뛰었다.

"시장님! 절대로 그런 일은 없습니다!"

"무슨 소릴 하는 거요? 난 당신 여관에 어떤 자들이 들어가는지 다 알고 있다 이거요. 그러니까 당분간은 놈들의 당나귀들을 따로 관리하면서 당나귀들이 제 발로 어느 문에 들어가는지를 확인해 보겠소. 만일 당나귀들이 당신 여관의 문으로 들어간다면 그건 당신이 한 짓에 대한 증거가 될 거요."

여관 주인이 간청했다.

"그런 조치만은 제발 하지 말아 주세요, 시장님!"

"왜 그러는 거요? 도둑이 제 발 저린다더니 이젠 겁이 나서 그러시오?"

"그런 게 아니라 한 번 더 생각해 보세요, 시장님. 가련한 당나귀들이 저의 여관 문으로 머리를 디민다면 사람들이 뭐라고 수군거릴지 생각해 보시란 말입니다. '우리 시장님은 사람들이 하는 말은 안 믿지만 당나귀들의 행동은 믿는다.'고 사람들이 말하지 않겠어요?"

직업상 아는 사이

금발에다가 육체미가 풍부한 젊은 여자가 길에서 만난 의사에게 윙크를 하면서 인사했다. 의사의 부인은 화가 나서 그의 팔꿈치를 잡아당기면서 물었다.

"당신, 저 여자를 어떻게 아는 거예요?"

아무렇지도 않다는 어조로 의사가 대꾸했다.

"그야 직업상 아는 여자지."

그의 부인이 날카롭게 쏘아붙였다.

"직업상이라니요? 당신의 직업상? 아니면 저 여자의 직업상?"

온도계가 떨어지다

어린 소녀가 자기 아버지에게 물었다.

"온도계가 떨어지면 날씨가 추워지지요, 아빠?"

"그렇단다, 애야."

"그럼 이제 추워지겠네. 온도계는 바로 일 분 전에 떨어져서 깨어졌거든요."

포도가 무엇이 될지는 두고 봅시다

이슬람 성직자의 포도밭은 풍작 덕분에 포도를 산더미처럼 수확했다. 성직자는 그 일대에 사는 주민들 모두에게 포도를 나누어 주라고 지시했다.

모든 주민들에게 포도를 나누어주고도 엄청나게 많이 포도가 남자 그를 따르는 신도들이 남은 포도를 어떻게 할지 물었다.

그는 잠시 생각에 잠겼다가 이윽고 입을 열었다.

"포도를 모조리 큰 통에 넣으시오. 하느님께서 포도를 가지고 무엇을 만드실지 두고 봅시다."

길 좀 물어 봅시다

이스탄불 출신의 어느 사내가 차를 몰고 트라브존 지역의 마을들을 지나가고 있었다. 그런데 갑자기 타이어가 펑크가 나는 바람에 차의 제어가 불가능해져서 어느 집을 들이 받고 말았다. 차에서 기어나온 그는 집주인과 마주서게 되었다.

그가 주인에게 물었다.

"이봐요! 난 트라브존에 가려고 하는데 어느 길로 가면 좋겠소?"

집주인이 그의 얼굴을 한참 동안 쳐다보다가 대꾸했다.

"아니, 당신이 알고 싶은 게 그거요? 차를 몰고 이 방에서 나간 다음 홀을 지나면 다른 방이 보일 거요. 그 방의 문을 열고 나가서 곧장 가면..."

굶어죽을 판인 친구

테멜과 케멜이 어느 날 백일몽에 잠겨 있었다. 갑자기 케멜이 소리쳤다.

"테멜! 네가 만일 엄청난 부자가 된다면 그 많은 돈으로 뭘 하고 싶지?”
테멜이 대꾸했다.
“난 튀긴 양고기와 개암나무 열매 팬케이크를 잔뜩 먹을
거야. 넌 뭘 먹고 싶냐?”
케멜이 실망한 표정으로 대꾸했다.
“넌 내가 먹을 걸 눈곱만큼도 남기지 않았어!”

지구의 중심

마을사람들이 나스레딘 호디야에게 물었다.
“지구의 중심은 어디에 있지요?”
호디야가 아무렇지도 않다는 듯이 대꾸했다.
“그거야 내 당나귀 앞발의 오른쪽 발굽이 밟고 있는 곳에
있지요.”
그러자 한 사람이 나서서 항의했다.
“호디야! 얼토당토않은 소린 그만 하세요! 그런 소리는...”
호디야가 그의 말을 가로막았다.
“내 말을 못 믿겠다면, 여기서부터 마음대로 재어보면 될
거 아니겠소?”

나더러 뺨을 맞으라고요?

어머니가 매우 어린 아들을 공원에 데리고 나갔다. 돌아오는 길에 그들은 이웃집에 사는 여자 네스린과 마주쳤다.

어머니가 어린 아들에게 말했다.

"애야, 넌 착하지? 저 아줌마에게 키스해라."

어린 아들은 겁에 질린 채 뒷걸음질을 치며 말했다.

"엄마! 지금 농담하는 거예요? 아빠가 어제 저 여자에게 키스하려고 하다가 뺨을 얻어맞았다고요! 엄만 지금 나도 뺨을 얻어맞기를 바라는 건가요?"

그것은 천사가 질문할 문제다

베크리 무스타파가 술에 만취해서 다른 사람들을 괴롭히기 시작했다. 순찰을 돌던 경찰관이 그를 잡아서 마을의 원로 카디에게 끌고 갔다.

카디는 그가 정말로 술에 만취했는지 여부를 시험해 보기 위해 까다로운 질문을 던지기로 작정했다.

그래서 이렇게 물었다.

"어이, 젊은이! 너의 하느님이 누구신지 말해 봐."

베크리가 미소를 지으면서 대답했다.

"그런 질문은 당신이 해서는 안 되는 겁니다. 그런 질문은 영혼을 심문하는 천사들이 내 무덤에서 나에게 물어볼 겁니다. 그러니까 당신은 다른 질문을 해 보세요."

카디는 미소를 지으면서 그를 석방했다.

거꾸로 된 세상

나스레딘 호디야가 자기 친구들에게 이렇게 말했다.

"내가 죽으면 내 관을 무덤에 거꾸로 묻어주면 좋겠어."

친구들이 물었다.

"그게 도대체 무슨 소리야?"

호디야가 태연하게 대꾸했다.

"최후의 심판의 날에는 어쨌든 세상이 거꾸로 되고 뒤죽박죽이 될 거야. 그러니까 내가 쉽게 다시 일어날 수 있으려면 거꾸로 묻히는 게 좋지 않겠어?"

안전제일 주의 전보

변호사가 자기 고객에게 전보를 쳤다.

"당신의 장모가 어젯밤에 죽었습니다. 당신 장모를 매장할까요? 미라로 만들까요? 화장을 할까요?"

고객이 변호사에게 답전을 쳤다.

"난 안전한 게 제일 좋습니다. 세 가지를 모두 해주세요."

너무 많이 알면 죽는다

테멜과 이드리스가 레스토랑에 갔다. 술이 테이블에 놓였다. 반시간이 지나자 이드리스가 물었다.

“하나 더하기 하나는 얼마지?”

테멜이 대답했다.

“하나 더하기 하나는 둘이지.”

이드리스가 칼을 빼어 테멜을 찔렀다. 경찰서에 끌려간 그
에게 조사관이 물었다.

“친구를 칼로 찔러 죽인 이유는 뭐요?”

이드리스가 태연하게 대꾸했다.

“그는 너무 많이 알고 있었거든요.”

물가가 모두 올라가는 바람에...

도시에 사는 사람이 어느 마을 한 복판에서 지나가는 마을
사람에게 물었다.

“여보세요. 여기서 저 도시까지는 몇 킬로미터나 되지요?”

마을사람이 대꾸했다.

“글쎄요. 예전에는 50킬로미터였지요. 허지만 지금은 물가
가 모조리 올랐기 때문에 여기서 도시까지는 아마 150킬로
미터는 될 거요!”

졸부의 추태

벼락부자가 된 어느 사내가 친구들을 모두 자기 저택에 초
대했다. 그의 아내는 그동안 사서 모은 보석을 모조리 꺼내
서 몸을 치장했고 목과 어깨를 드러낸 야회복을 입었다.

만찬이 시작되기 전에 모든 사람이 정원의 테이블 주위에
자리를 잡고 앉아 잡담을 하고 있었다. 날씨가 약간 쌀쌀했다.

그 때 여주인이 하녀를 향해 큰소리로 외쳤다.

"난 추우니까 안방에 가서 목걸이들을 더 많이 꺼내 가져
와!"

옷을 벗는 것은 자유다

처녀 셋이 호숫가에 차를 멈추고 내렸다. 사방을 둘러보아
도 아무도 눈에 뜨이지 않았다. 그래서 그들은 옷을 벗기 시
작했다.

그 가운데 한 처녀는 수영복을 입어야 한다는 생각도 하지
못한 채 알몸으로 무작정 호수에 뛰어들려고 했다.

그녀가 막 물에 들어가려던 순간, 경비원이 고함쳤다.

"이봐요, 아가씨! 이 호수에서는 수영이 금지되어 있어요!"

처녀는 얼굴이 홍당무가 되었다. 차로 돌아가면서 경비원에게 이렇게 말했다.

"내가 옷을 다 벗기 전에 수영금지 구역이라고 말해줄 수는 없었나요?"

경비원이 대꾸했다.

"그야… 이 일대에서 옷을 벗는 것은 금지되지 않았거든요."

바다가 증발하다

항해 도중에 선장이 죽자 선원들은 테멜에게 선장이 되어 배를 조종하라고 말했다. 왜냐하면 그는 흑해 연안 지방 출신이고, 날 때부터 선장의 능력이 있다고 사람들은 여겼기 때문이다. 그는 이틀 동안은 배를 잘 조종했지만 사흘째 되는 날 드디어 배가 좌초하고 말았다.

그래서 선원들이 물었다.

"선장님! 어떻게 된 일인가요? 배가 좌초되었단 말입니다!"

테멜은 아무 일도 없었다는 듯이 대꾸했다.

"난 아무 짓도 안 했어요. 바다가 증발해 버린 거라고요!"

간호사의 고민

간호사가 환자를 손가락으로 가리키면서 의사에게 물었다.

"저 남자의 맥박을 재려고 제가 허리를 굽힐 때마다 그의 심장은 더 빨리 뛰지요. 어떡하면 좋지요?"

의사가 대꾸했다.

"당신 목 근처 옷깃의 단추를 단단히 잠그면 되잖아요!"

작은 차를 먹이는 방법은?

커다란 버스가 고속도로를 달려가고 있을 때 외국 번호판을 단 작은 차가 달려와서 나란히 달려가기 시작했다. 심술궂은 버스 기사가 버스의 속도를 늦추더니 작은 차를 운전하던 미모의 여자 관광객에게 말을 걸었다.

"이봐요! 당신은 그 꼬마를 어떻게 먹이시오? 탱크에 휘발유를 먹이시오? 아니면 당신 젖을 먹이시오?"

속이려고 했을 뿐인데...

체격이 건장한 사내가 느닷없이 커피하우스에 들어서더니 소리쳤다.

"여기 하산이란 놈이 누구야?"

모든 사람이 그를 쳐다보았지만 아무도 대답하지 않았다. 그러자 그 사내가 다시 고함쳤다.

"하산이 자리에서 일어나지 않는다면 난 이곳을 당장 난장판으로 만들겠다 이거야."

그러자 테멜이 자리에서 벌떡 일어나 그에게 대꾸했다.

"내가 하산인데 무슨 일이지요?"

건장한 사내는 즉시 테멜에게 달려들었다. 발로 차고 주먹으로 치는가 하면 뺨도 갈겼다. 테멜이 사지를 쭉 뻗었다. 그러자 그 사내가 돌아서서 밖으로 나가버렸다.

식당 바닥에 누운 테멜에게 사람들이 몰려갔다. 그 가운데 한 사람이 물었다.

"당신은 하산이 아니라 테멜이잖아요! 도대체 무엇 때문에 자기가 하산이라면서 나선거요?"

눈두덩이가 시퍼렇게 멍든 테멜이 간신히 실눈을 뜬 채 대꾸했다.

"난 다만 저 자식을 속이려 했을 뿐인데..."

확인할 게 따로 있지

어떤 사람이 길에서 마주친 사람에게 물었다.

"혹시라도 이 근처에서 경찰이나 경비원을 보지 못했나
요?"

길 가던 사람이 아무 생각 없이 대꾸했다.

"단 한 명도 못 봤는데요."

처음에 말을 건 사내의 음성이 갑자기 험악해졌다.

"그렇다면 당신 지갑과 시계를 내 놔!"

누가 누굴 잡아먹어?

어린 소년이 동물원에 구경하러 갔다. 이리저리 둘러보던
소년이 갑자기 사자 우리에 다가가 바싹 붙어 섰다.

경비원이 큰소리로 경고했다.

"이봐! 그 우리에는 가까이 가면 안 돼!"

소년이 마주 고함쳤다.

"아저씨, 염려 말아요! 난 당신 사자들을 잡아먹지 않을 테
니까요!"

하느님

벡타시가 메브레비 파의 수도자에게 말했다.

"당신들은 종교예식을 어떻게 하지요?"

"우린 '하느님!' 하고 말한 다음에 빙글빙글 돌지요."

벡타시가 웃으면서 말했다.

"완전히 반대로 하는군요. 우린 '하느님!' 하고 말한 다음에 멈추어 선다고요!"

진실 게임

장학사가 어린 학생들에게 질문했다.

"여러분 가운데 누가 가장 조용하지요?"

어린 학생들이 이구동성으로 소리쳤다.

"우리 선생님이지요!"

강도도 신문보도는 안 믿는다!

은행을 신나게 턴 강도들이 그 전날 다른 곳에서 훔친 차를 타고 유유히 도시를 빠져 달아났다. 들판을 지나고 초원을 지나서 매우 한적한 곳에 이르러 그들은 잠시 휴식을 취했다.

그 때 한 사내가 입을 열었다.

"어이! 얼마나 털었는지 현금을 여기서 좀 세어보자."

둘째 사내는 그 말이 별로 탐탁하게 들리지 않아 퉁명스럽게 대꾸했다.

"왜 그래? 난 피곤해 죽겠어! 그런 거 신경 쓸 거 없잖아? 내일 아침 신문에 정확한 액수가 보도될 테니까 그걸 보면 되지."

셋째 사내가 격분해서 소리쳤다.

"너 미쳤니? 신문마다 제각기 다른 액수를 보도할 거야. 그렇게 되면 우린 정말 입장이 난처해지잖아!"

게으른 병의 라틴어 명칭은 없나요?

환자가 의사를 찾아가서 불평을 늘어놓았다.

"의사 선생님! 난 아침만 되면 침대에서 일어날 수가 없어요. 일할 의욕도 전혀 없고 말입니다."

"당신의 증세는 그것이 전부인가요?"

"그래요."

의사가 단호한 어조로 선언하듯이 말했다.

"당신의 병은 한 마디로 말해서 게으름입니다."

환자가 당돌하게 대꾸했다.

"의사 선생님! 그건 나도 알아요! 하지만 난 부장님께 내 병을 보고해야 하는데 게으른 병의 라틴어 명칭은 없나요?"

술이 위에서부터 줄어든다 이거야!

포도주를 몹시 좋아하는 벡타시는 커다란 포도주 통을 지하창고에 보관하고 있었다. 그런데 그의 하인 역시 주인 못지않게 포도주를 좋아했다. 그래서 벡타시는 통에 쇠로 만든 뚜껑을 덮고 자물쇠를 채웠다.

그런데도 불구하고 포도주는 날마다 줄어들기만 했다. 어느 날 그는 아내에게 술이 자꾸만 줄어든다고 말했다.

그의 아내는 이렇게 대꾸했다.

"어쩌면 하인이 술통 밑에 구멍을 뚫어놓았는지도 몰라요."

벡타시가 고개를 가로 저으며 단호한 어조로 말했다.

"그럴 리가 없어! 포도주가 위에서부터 줄어들거든!"

각설탕이 녹으면 안 되는데!

정신병자가 커피하우스에 허겁지겁 들어가더니 웨이터를 불러서 주문했다.

"홍차 한 잔!"

홍차 잔이 왔다. 그는 각설탕 서너 개를 집어넣고는 티스푼으로 저었다. 이어서 그는 다시 홍차를 한 잔 더 주문했다. 홍차가 오자 그는 다시금 각설탕을 넣고 저었다. 이어서 셋째 잔을 주문했다.

그러자 웨이터가 물었다.

"당신은 이미 각설탕 여덟 개를 넣었다고요!"

정신병자가 불쾌한 표정으로 대꾸했다.

"그야 물론이지요. 그렇지만 모조리 녹아버렸잖아요!"

술고래의 이유는?

어느 날 친구들이 베크리 무스타파에게 물었다.

"도대체! 너, 술을 그렇게 엄청나게 마시는 이유가 뭐야?"

고래처럼 술을 마셔대는 베크리가 미소를 지으면서 대꾸했다.

"몰라서 물어? 나는 죽은 뒤 최후의 심판의 날까지 기다리지 않으면 안 되지. 그러니까 기다리는 기간 동안에 필요한 충분한 양의 술을 확보해 두기 위해서 평소에 내 뱃속을 술로 잔득 채워두려는 거야. 너희들도 지금 안 마셔두면 죽은 뒤에 후회할 거야."

당나귀를 싸게 파는 이유

장날이 될 때마다 호디야는 당나귀를 끌고 가서 매우 싼 값에 팔았다. 그는 항상 다른 당나귀 장사꾼들이 파는 값보다 훨씬 싼 값으로 팔았다.

어느 날 당나귀 장사꾼들 가운데 부자가 그에게 말했다.

"당신이 어떻게 당나귀를 그렇게 싸게 팔 수 있는지 난 도무지 모르겠군요. 내 하인들은 농부들로부터 건초를 훔쳐다

가 당나귀를 기르고 또 나는 하인들에게 월급도 주지 않아
요. 그런데도 당신이 부르는 값은 내가 부르는 값보다 더 싸
다 이겁니다!"

호디야가 태연하게 대꾸했다.

"그야 당연하지요. 당신은 농부의 건초와 하인의 월급을
훔치지만 나는 당나귀들을 훔친다고요!"

의사는 처방만 해준다!

어느 노파가 여러 가지 꾀병을 고안해낸 다음 의사에게 가
서 아프다고 엄살을 떨고는 했다. 드디어 의사는 과대망상증
에 사로잡힌 그 환자에게 질렸다. 그래서 이렇게 말했다.

"이봐요! 집에 돌아가서 결혼을 하세요. 그러면 당신은 모
든 병이 나을 겁니다!"

환자가 얼굴을 붉히면서 의사에게 반문했다.

"의사 선생님! 지금 나한테 청혼하시는 거예요?"

의사가 단호하게 대꾸했다.

"천만에요! 우리 의사들은 약을 처방만 해 주지 우리가 직
접 약을 먹을 필요는 없다 이겁니다. 아시겠어요?"

치료 받느니 차라리 죽는 게 더 싸다

어느 지독한 구두쇠가 중병에 걸렸을 때 의사와 사제를 함께 불러오라고 사람을 보냈다. 그들이 도착하자 그는 먼저 의사에게 물었다.
"내 병을 치료하는데 비용이 얼마나 들까요?"
치료비를 계산하고 난 다음에 의사가 대답했다.
"삼백 만원입니다."
앙상한 뼈만 남은 그가 이번에는 사제에게 물었다.
"나를 매장하는 데는 비용이 얼마나 들까요?"
사제가 비용을 계산해본 다음에 대답했다.
"이백 만원입니다."
피골이 상접한 그가 자기 아내에게 소리쳤다.
"난 곧 죽을 테니까 그렇게 알라고!"

가난한 엄마는 아기를 직접 만든다!

어린 소녀들이 운동장에서 놀고 있을 때 한 소녀가 질문했다.
"아기들은 어디서 나오지?"

부잣집에서 자란, 화려한 옷차림의 어린 소녀가 대꾸했다.

"우리 엄만 우리 언니들을 장미 정원에서 발견했대."

다른 부잣집 소녀가 나서서 말했다.

"우리 오빠들과 언니들은 백조가 데리고 왔대. 우리 엄마가 그렇게 말했어."

그 가운데서 가장 가난한 집의 소녀인 아이샤가 한 마디 던졌다.

"우리 집에는 돈이 별로 없어. 그래서 우리 엄만 자기가 직접 아기들을 만들어!"

누가 더 유능한 세일즈맨인가?

취직을 하기 위해 중고차 센터를 찾아간 사내가 자기소개를 했다.

"저는 이 세상에서 가장 유능한 세일즈맨입니다."

그곳의 팀장이 한 가지 제안을 했다.

"그 사실을 증명해 보이시오. 만일 저기 있는 자동차를 당신이 팔 수만 있다면 난 당신 말을 믿고 고용하겠소."

사내가 그 차를 타고 떠났다. 일주일 후 그는 그 차를 타고 돌아와서 팀장에게 말했다.

"지난번에 한 저의 말을 수정해야겠어요. 저는 이 세상에서 두 번째로 유능한 세일즈맨입니다."

팀장이 질문했다.

"그럼 첫 번째로 유능한 자는 누구지요?"

"그건 이 거지같은 똥차를 당신에게 판 그 작자지요!"

병원 대기실에서 제일 오랫동안 기다린 사람

의사가 자기 진료실에 도착한 뒤 흰 가운을 입고 나서 대기실에 갔다. 그리고 거기서 기다리던 사람들에게 말했다.

"제일 오랫동안 기다린 분이 먼저 들어오세요."

한 사내가 자리에서 벌떡 일어나면서 말했다.

"그렇다면 그건 저지요, 의사 선생님. 저는 선생님이 6개월 전에 구입한 텔레비전의 월부금을 받으러 왔거든요!"

심야 영화가 너무나도 재미있어서

테멜이 어느 날 밤에 매우 늦게 귀가했다. 그의 아내 파디메는 그가 다른 여자와 놀아나는 것이 아닌가 의심이 들어서 그의 호주머니를 뒤지다가 이미 사용한 영화관람 티켓 두 장을 꺼내 들었다.

그러고는 그에게 물었다.

"도대체 이건 뭐지요?"

"아, 그거? 그거야 영화가 너무너무 재미있어서 난 두 번이나 봤거든!"

수학문제

한 소년이 야채가게에 가서 주인에게 물었다.

"1킬로그램에 525 리라짜리 설탕 7킬로그램, 1킬로그램에 630 리라짜리 쌀 11킬로그램, 1킬로그램에 280 리라짜리 밀가루 9킬로그램의 총액은 얼마지요?"

가게 주인이 눈을 크게 뜬 채 대꾸했다.

"우선 우리 가게에서는 설탕과 쌀과 밀가루를 그런 가격에는 팔지 않아. 게다가 그 많은 분량을 네가 어떻게 들고 갈 수 있겠니?"

소년이 아무렇지도 않은 듯 대꾸했다.

"무게는 염려할 거 없어요. 전체 총액만 알면 되요. 그게 이번 숙제의 수학 문제거든요!"

표를 찢는 정신병자

어떤 정신병자가 영화가 보고 싶어서 영화관에 가 표를 샀다. 5분가량 지나 그는 다시 매표소에 돌아와서 또 표를 샀다. 얼마 후 다시 돌아와 세 번째 표를 샀다. 그 다음에는 네 번째, 다섯 번째, 여섯 번째 표를 샀다.

드디어 표를 파는 직원이 이상하게 생각해서 물어보지 않을 수가 없었다.

"당신, 암표 장사를 하는 거요?"

그러자 표를 산 그 정신병자가 대답했다.

"천만에요! 내 생각에는 입구에서 표를 받는 놈이 정신병자지요. 내가 들어가려고 할 때마다 그놈이 내 표를 찢었거든요!"

거지의 기도

길을 걸어가다가 벡타시가 거지를 만났다. 거지는 이렇게 말했다.

"천 원만 주신다면 전 당신을 위해 기도해 드리겠어요."

벡타시가 그 거지를 유심히 구석구석 살펴보고 나서 대꾸했다.

"난 당신의 기도를 바라지 않아요."

"왜요?"

"당신 기도를 하느님께서 들어주셨더라면 당신은 결코 거지가 되지도 않았을 테니까!"

어린애하고는 춤을 추지 않는 여자

한 청년이 미모의 아가씨에게 다가가서 말했다.
"춤을 같이 추시겠어요?"
아가씨는 그의 아래위를 샅샅이 훑어본 다음에 대꾸했다.
"난 어린애하고는 절대로 춤을 안 춰요!"
청년이 꿈쩍도 하지 않은 채 한 마디 던졌다.
"죄송합니다, 부인! 난 당신이 임신한 줄은 몰랐거든요."

신식보다 구식이 더 좋다고요!

트라브존의 중학교 생물선생이 시험관 아기에 관해 가르치고 있었다. 그는 머지않은 장래에 대단히 현대적 설비를 갖춘 실험실에서 정자를 가지고 난자를 수정체로 만들 수가 있다고 말했다.
맨 뒷줄에 앉아 있던 테멜이 갑자기 고함쳤다.
"말도 안 되는 소리 그만 해요! 난 구식이 더 좋아요!"

의술의 발전은 눈부시다

흑해 연안의 어느 마을 출신인 의사가 환자에게 물었다.

"당신 어깨는 아직도 쑤시는가요?"

"그럼요, 의사 선생님."

"그렇다면 좋아요. 당신 어깨를 따뜻하게 유지시키세요."

환자가 소스라치게 놀랐다.

"아니, 의사선생님! 사흘 전에 제가 여기 왔을 때는 어깨에 얼음 주머니를 대라고 하셨잖아요!"

의사가 태연하게 대꾸했다.

"당신은 의술이 그동안에 전혀 발전하지 못했을 거라 보는 거요?"

잠을 쫓아버리다니!

베크리가 다른 사람들과 함께 어느 큰 저택에 초대를 받아서 갔다. 잠을 잘 시간이 되자 그는 생면부지의 낯선 사내와 같은 방을 쓰게 되었다는 것을 알았다. 침대에 누운 채 그 사내와 잡담을 나누던 베크리는 상대방이 곧 잠에 떨어질 것이라고 예측했다. 그래서 그에게 물었다.

“당신은 잠이 들었나요?”

“천만에요! 난 그저 졸고 있을 뿐인데요.”

“이젠 별로 말이 없어졌잖아요!”

“난 어떤 사람들이 나타나기를 기다리는 중이지요.”

“그렇다면 눈은 왜 감고 있는 거요?”

“그래야만 그들이 늙지 않을 테니까요!”

“그건 좋아요. 하지만 코는 왜 고는 거요?”

“난 잠을 쫓아버리고 있지요.”

그러자 도저히 더 이상 참을 수 없게 된 베크리가 고함쳤다.

“이봐요! 당신의 먼저 번 대답은 말도 안 되는 것이었지만 이번 대답은 제대로 했다고요. 난 그 빌어먹을 잠을 한 시간 이상이나 기다리고 있었는데 말이요. 당신이 그 잠을 쫓아버렸으니까 내가 있는 여기에는 잠이 찾아올 수가 없지 않냐 이거요!”

들에 나가 술 마시기

베크리 무스타파가 자기 속마음을 친구들에게 털어놓았다.

“빨리 여름이 되었으면 좋겠어! 그래야 우리가 들에 나가서 한 잔 잘 걸칠 수가 있거든!”

친구 가운데 한 명이 물었다.

"그래? 난 네가 야외에서 술 마시기를 좋아하는 줄은 정말 몰랐어!"

베크리가 날카롭게 말을 막았다.

"좋아하고말고! 들에서는 네가 고래처럼 마시고 술주정뱅이의 꿈 속에 곯아떨어진다 해도 그걸 가지고 시비 걸 사람이 아무도 없잖아!"

황달병 환자

흑해 연안의 어느 마을 출신인 의사가 어느 날 자기 환자를 호되게 질책했다.

"난 석 달 동안이나 당신의 황달병을 고쳐주려고 애썼지요. 빌어먹을! 그런데 당신이 중국인이라는 사실을 왜 여태껏 나한테 말해주지 않았나 이거요!"

독신자 벼룩

이드리스는 리제에서 이스탄불로 건너가는 페리를 탔다.
한 승객이 그에게 말했다.
"당신 옷깃에 이가 한 마리 붙어 있군요."
그러자 그는 상대방 사내의 얼굴을 빤히 쳐다보면서 대꾸
했다.
"그건 이가 아니라 벼룩이요."
상대방 사내가 항의조로 말했다.
"하지만 벼룩은 색깔이 검잖아요!"
"이건 늙은 놈이라고요."
"벼룩은 그렇게 가만히 있지 않고 뛰잖아요!"
"이놈은 다리들이 불구라고요."
"벼룩은 쌍을 지어 다니잖아요!"
"이놈은 독신자라고요!"

내 이름은 당나귀

어느 이슬람 수도자가 여행을 하다가 한 집에 묵어가게 되
었다. 저녁을 얻어먹고 나자 집주인이 그에게 말했다.

"저 방에는 밀을 담은 자루들이 보관되어 있고 또 저 방에
는 어린애가 잡니다. 어느 방에서 묵어가실지 선택하세요."
그는 잠시 생각에 잠겼다. 어린애가 밤에 깨어 울 테니까
그 방에서 자는 것은 현명하지 않을 것이다. 밀을 담은 자루
들 사이에서 자는 것도 그리 탐탁지 않다. 날씨가 매우 좋은
계절이었기 때문에 그는 지붕 위에 요를 하나 깔아달라고 부
탁했다.

다음 날 아침 그는 세수를 하기 위해 정원에 있는 우물에
다가갔다. 그 때 갑자기 아름다운 처녀가 나타나서 우물에
가더니 물통을 채웠다. 그녀의 미모가 하도 뛰어나서 수도자
는 시선을 그녀의 몸에서 뗄 수가 없었다.

이윽고 그가 물었다.

"당신 이름은 뭐지요?"

"어린애예요."

수도자는 어젯밤 주인이 말한 어린애라는 말의 뜻을 알아
차리고는 숨이 멎는 듯했다.

처녀가 그에게 물었다.

"당신 이름은 뭐지요?"

"내 이름은 당나귀지요."

나 홀로 애인이 되어줄 테니까

회사의 간부가 자기 여비서에게 말했다.

"내가 네 방에 들어갈 때마다 너는 언제나 전화통에 대고 수다만 떨고 있으니 일은 되지도 않잖아!"

여비서가 항의했다.

"난 언제나 고객들과 통화하고 있는 거예요. 그게 내 임무의 일부라고요!"

"그렇다면 이제부터는 나 홀로 애인이 되어 줄 테니까 다른 고객들에게는 절대로 전화 걸지 말아요!"

재주도 좋다

나이가 매우 어린 소년이 자기 아버지의 서재에 들어서더니 한 가지 요구를 했다.

"아빠! 난 저 커다란 영어사전들을 가져가고 싶은데 괜찮아요?"

아빠는 아들이 매우 대견했다. 저렇게 어린 나이에 벌써부터 호기심이 왕성하다니! 그래서 뿌듯한 가슴으로 대꾸했다.

"좋고말고! 자, 마음대로 가져가라."

소년이 커다란 사전 세 권을 가지고 사라졌다.

한 시간쯤 지나 소년의 엄마가 부엌 찬장의 위쪽 선반을 정리하면서 혼잣말로 중얼거렸다.

"잼이 한 통 없어졌군. 키도 작은 우리 아들놈이 어떻게 이 선반까지 손을 뻗치러 올라올 수가 있었을까?"

돌다리도 두드려 건너가야겠지만...

테멜이 손바닥에 종이쪽지를 올려놓은 채 약방에 들어선 다음 카운터 뒤에 서 있는 사내에게 물었다.

"당신은 약제사인가요?"

"그래요."

"언제부터지요?"

"20년 전부터입니다."

"어디서 공부했지요?"

약제사가 짜증이 치미는 나머지 한숨을 쉬며 대꾸했다.

"이스탄불에서 약학대학을 졸업했다고요!"

"좋아요! 좋아요! 아스피린 한 통만 주세요!"

제 말을 제대로 알아들으시라고요

테멜은 경범죄가 탄로 나서 심문을 받기 위해 경찰서로 끌려갔다.

수사반장이 물었다.

"어디서 살지요?"

"우리 형과 함께 살지요."

"당신 형은 어디서 살지요?"

"우리 아버지와 함께 살지요."

수사반장이 화가 치밀어 목청껏 소리쳤다.

"그렇다면 좋아요. 당신 아버지는 어디서 살지요?"

테멜이 눈을 깜박거리더니 대답했다.

"수사반장님! 제 말을 제대로 알아듣지 못하시는 것 같은데 말이지요. 우리는 모두 함께 산다고요!"

아름다움이란...

어느 날 사람들이 베크리 무스타파에게 물었다.

"선과 미의 차이는 무엇이지요?"

그가 미소를 지으면서 대답했다.

"하느님의 종은 이 문제를 잘 알지요. 선은 증거가 필요한
것이지만 미는 맨눈으로 봐도 보이는 것이지요."

발레는 고문이다

테멜과 케멜이 난생 처음 발레공연을 구경하려고 극장에
갔다. 그들은 젓가락처럼 몸이 매우 마른 소녀들이 뾰족한
신발을 신은 채 춤추는 모습을 바라보았다. 테멜이 케멜 쪽
으로 몸을 기우리면서 말했다.
"저거 고문하는 거 아냐? 왜 키가 좀 더 큰 소녀들을 동원
해서 춤을 추게 안 하는 거야?"

비슷한 전화번호라도 상관없다!

테멜은 이스탄불에 사는 친척을 방문한 뒤 배를 타고 리제
에 돌아가려고 했다. 그가 배를 타려고 할 때 마침 리제에서
이스탄불로 돌아오는 자기 친구 케멜을 만났다. 그들은 잠시

이야기를 나누었다. 테멜이 이스탄불에 다시 오겠다고 말하자 케멜이 그의 전화번호를 알고 싶어 했다.

그러자 테멜은 이렇게 대답했다.

"난 바로 얼마 전에 전화를 새로 샀기 때문에 번호를 외우지 못해."

케멜이 성급하게 말을 내뱉었다.

"상관없어! 네 전화번호와 비슷한 거라도 상관없어!"

모자는 돌려주면 되잖아요!

테멜이 커피하우스에 들어가 자기 친구들 사이에 자리를 잡고 앉았다. 그가 막 의자에 앉자마자 옆자리에 있던 노인이 소리쳤다.

"이봐, 젊은이! 자넨 내 모자를 깔고 앉았잖아!"

"그래서요? 당신이 떠나고 싶을 땐 언제든지 얘기하세요. 난 당신 모자를 돌려줄 테니까."

우리 집이 어디 있지?

어느 날 베크리는 너무나도 곤드레만드레 취해서 걸음을 똑바로 걸을 수도 없었다. 길을 가다가 도중에 한 사내를 만나 길을 물었다.

"이봐요! 우리 집에 가려면 이 길이 맞는 거요?"

"글쎄요. 당신 집은 어디 있지요?"

베크리가 폭소를 터뜨리면서 소리쳤다.

"이런 빌어먹을! 우리 집이 어디 있는지 내가 알면 당신에게 길을 물어볼 것도 없잖아!"

신앙심이 매우 돈독한 집

나스레딘 호디야가 다른 마을로 셋집을 얻어 이사를 가려고 했다. 어느 한 집을 가보니 그것은 사실상 철거대상이나 다름없었다.

그래서 그는 주인에게 말했다.

"이 집은 마룻바닥이 너무 심하게 삐걱거려요."

주인 사내가 즉시 대꾸했다.

“이 집은 신앙심이 매우 돈독해서 때로는 말없이 하느님을
찬미하지요.”
호디야가 웃으면서 말했다.
“그렇다면 아예 땅에 넙죽 엎드려서 찬미하면 어때요?”

남이야 술을 먹든 말든

베크리 무스타파는 금주기간에 술을 마시다가 현장에서
체포되었다. 카디 앞에 끌려가자 카디가 물었다.
“당신은 술을 마시는가요?”
베크리가 눈을 깜박거리면서 반문했다.
“왜요? 나한테 한 잔 권하려고 그러는가요?”

잃어버린 보물창고

젊은 처녀가 고해소에 들어가 사제에게 말했다.
“저는 처녀성을 잃었어요, 신부님.”
사제가 자기 의견을 말했다.

"당신은 다시는 되찾을 수 없는 보물창고를 잃었군요!"
처녀가 항의했다.
"하지만 누구나 그 보물창고의 열쇠를 가지고 있는데 내가
어떻게 그걸 온전히 보존할 수가 있겠어요?"

빗속의 호랑이

어떤 여자가 호랑이 모피 코트를 샅샅이 살펴보고 오랫동
안 힘겹게 가격을 흥정한 다음 드디어 그것을 사기로 결심했
다. 그러나 막상 돈을 지불할 때에는 다시금 질문을 던지지
않을 수가 없었다.
"비 오는 날에도 난 이걸 입을 수가 있겠지요?"
가게 주인이 정중하게 대답했다.
"부인! 비가 쏟아지는데 우산을 받치고 어슬렁거리며 돌아
다니는 호랑이는 여태껏 아무도 본 적이 없다고요!"

여자도 여자 나름이지

어느 날 밤 호디야의 아내가 그에게 말했다.

"당신은 내 얼굴을 바라볼 때마다 '자비로우신 하느님의 이름으로' 라는 말만 하잖아요!"

"그래서?"

"이슬람 사제는 자기 아내의 얼굴을 볼 때마다 코란 제36장을 줄줄이 외운다고요!"

호디야가 폭소를 터뜨리며 말했다.

"그 여자를 한 번 보고 싶군! 그 여자를 만나본다면 난 코란을 처음부터 끝까지 줄줄이 외울 거다 이거야!"

죽어도 혼자 죽어라!

테멜은 침대에 누운 채 죽어가고 있었다. 마지막 순간이 다가왔다고 깨달은 그는 격심한 공포감에 사로잡혀 소리쳤다.

"파디메! 파디메! 빨리 달려와요! 난 지금 죽어가고 있다고!"

그의 아내 파디메가 옆방에서 대꾸했다.

"여보! 난 당신 방에 갈 수가 없어요! 당신도 알다시피 난 죽은 사람의 얼굴은 도저히 쳐다볼 수가 없잖아요!"

얼마나 멋진 일인가!

호디야가 단식기간인 라마단 달에 모스크에서 설교를 하고 있었다. 그런데 평소와는 달리 신자들 자리에 벡타시가 앉아서 설교를 들었다.

호디야는 이렇게 말했다.

"오, 모슬렘들이여! 우리 종교는 라키 술과 포도주를 마시지 못하게 금지하고 있습니다. 최후의 심판의 날이 닥치면, 주정뱅이들이 마셨던 모든 병들은 그들의 목에 주렁주렁 걸릴 것입니다. 그리고 술을 마신 죄인들은 밤낮으로 사람들의

구경거리로 전시될 것이며..."

그 때 벡타시가 그의 말을 막고 물었다.

"친애하는 호디야! 당신이 말하는 그 병들은 빈 병들이요?
아니면 가득 찬 병들이요?"

호디야는 빈병들이라고 대답했다가는 그 병들이 가벼울
것이라고 생각해서 이렇게 대답했다.

"그거야 모두 가득 찬 병들일 겁니다만...."

벡타시가 너털웃음을 터뜨렸다.

"만세! 심지어 거기서도 우린 마음껏 즐길 수가 있군요!"

하루는 스물다섯 시간이다!

어느 여선생이 자기가 가르치는 학생에게 물었다.

"하루는 몇 시간이지?"

"스물다섯 시간이지요."

"어떻게 그럴 수가 있지? 난 네게 그렇게 가르치진 않았
어."

"그렇지만 지난주에 선생님께서는 하루해가 날마다 점점
더 길어진다고 하시잖았어요!"

환자와 똑같은 병에 걸린 의사

의사가 환자에게 전화를 걸었다.

"당신은 내가 처방해준 약을 먹고 있나요?"

"그래요, 의사선생님."

"지금은 기분이 훨씬 좋아졌나요?"

"그래요. 염려해 주셔서 정말 감사해요. 그런데 의사선생님은 전에는 제게 전화를 걸어 물어 보신 적이 없잖아요?"

"그게 말이지요. 사실은 나도 당신과 똑같은 병에 걸렸지요. 그래서 확인을 하려고 하는 건데..."

폭풍우가 계속되게 해주십시오!

베크리 무스타파는 부르사의 맑은 공기와 질병 치유의 효험이 높기로 유명한 온천을 즐기기 위해 그 도시에 갔다. 이스탄불로 돌아오는 길에 그는 다른 손님들과 함께 돛단배를 탔다.

돛단배는 여객선이 출발한 지 얼마 지나지 않아 무다니야를 떠났다. 얼마 후 날씨가 갑자기 돌변하더니 거친 파도가 일기 시작했다. 돛단배는 낙엽처럼 파도에 까불렸다.

여객의 대부분은 상인들이었는데 그들은 모두 지옥에 대한 공포에 질려 있었다. 그래서 너나 할 것 없이 모두 하늘을 향해 높이 팔을 쳐든 채 기도하기 시작했다.

“오, 하느님! 이 폭풍우에서 제가 무사하게 살아난다면 저는 양 한 마리를 제물로 바치겠습니다!”

“오, 하느님! 제가 무사히 이스탄불에 돌아간다면 올리브기름 큰 통을 가난한 사람들에게 나누어 주겠습니다!”

“사랑하는 주님! 우리가 이 시련에서 구출된다면 저의 재산의 절반을 가난한 사람들에게 주겠습니다!”

부유한 상인들의 기도소리를 듣고 난 베크리 무스타파도 하늘을 향해 두 팔을 뻗은 채 기도했다.

“사랑하는 주님! 폭풍우가 멈추지 말고 계속되게 해주십시오! 장사꾼들이 움직이기 시작했습니다. 제발 폭풍우를 멈추지 마시고 그들이 좀 더 많이 희사하도록 만들어 주십시오! 저와 같은 가난한 사람들이 더욱 도움을 받도록 해주십시오!”

고양이가 빨래인가?

어느 여자가 자기 고양이를 목욕시키고 있는데 이웃집 여자가 그 광경을 보고는 기겁을 하면서 소리쳤다.

"당신 미쳤어요? 그러다가는 고양이를 죽이겠다고요!"

그녀는 고양이에게 아무 일도 없을 것이라고 대꾸하고는 계속해서 목욕을 시켰다. 얼마 후 이웃집 여자가 보니 그 여자의 얼굴이 오만상을 찌푸린 상태였다. 그래서 물었다.

"무슨 일이라도 있나요?"

"내 고양이가 죽었거든요."

"거 봐요. 내가 고양이를 목욕시키지 말라고 했잖아요!"

"고양이는 내가 목욕을 시켜서 죽은 게 아니에요. 목욕을 끝내고 내가 고양이를 쥐어짜서 죽은 거라고요!"

산비탈을 힘들여 올라가야 할 운명

나스레딘 호디야는 나이가 너무 많아서 몹시 쇠약해졌다. 게다가 경제적으로도 매우 어려운 처지에 놓였다. 마을사람 하나가 그에게 물었다.

"친애하는 호디야! 하느님께서는 왜 사람을 창조하셨나요?"

호디야는 그런 것도 모르느냐는 식으로 대꾸했다.

"그야 사람이 있는 힘을 다해 산비탈을 올라간 다음 자기 빚을 모두 청산하라고 창조하셨지요."

암소와 수소 가족의 친구

테멜이 숙제를 하다가 어머니에게 물었다.
"엄마! 수소가 뭐예요?"
"그건 암소의 남편이지 뭐냐, 얘야."
"그럼 황소는 뭐지요?"
그의 어머니가 즉시 대꾸했다.
"그건 그 가족의 친구란다, 얘야."

누가 돈을 지불한다나?

테멜은 창가에 앉아 있는 케멜의 아내를 보자 소리쳐 물었다.
"케멜이 집에 있나요?"
"아뇨. 없어요."
"그렇다면 내가 당신에게 갈 테니까... 문을 좀 열어 줘요."
"뭐라고요? 당신은 날 창녀로 보는 거예요?"
테멜이 기분을 잡쳤다는 듯이 대꾸했다.
"내가 당신에게 돈을 지불할 거라고 어느 미친놈이 그래요?"

부도수표라도 염려할 거 없다

테멜이 갑자기 부자가 되어 은행 계좌도 개설하고 수표책도 받았다. 그는 남들 앞에서 으스대기를 좋아했고 어디를 가든 수표로 지불하기 시작했다. 하루 동안에 너무나도 많은 수표를 끊었기 때문에 그는 집에 돌아가자마자 은행 지점장으로부터 다음날 자기를 만나러 오라는 편지를 받게 되었다.

다음 날 아침 그가 은행에 가자 지점장이 말했다.

"당신은 백만 원 금액의 계좌를 개설했는데 수표를 150만 원이나 끊었으니 50만원 초과했어요. 그러니 이제 어떻게 하시겠어요?"

그러자 테멜이 태연하게 대꾸했다.

"염려 마세요. 내가 당장 50만 원짜리 수표를 끊어서 당신에게 줄 테니까 그걸로 상계해서 문제를 해결하면 될 거 아니겠어요?"

가장 큰 원수와도 화해하라

베크리 무스타파는 평생 동안 물 대신에 술만 마시다가 이윽고 노년기에 병이 들었다. 침대에 누운 채 고통에 몸을 비틀고 있던 그는 물을 한 방울만 마시게 달라고 청했다.

마침 그 자리에 있던 한 사람이 이렇게 말했다.

"당신은 별 수 없이 죽어가고 있어요, 베크리. 당신은 평생 동안 물을 전혀 마시지 않았지요. 그런데 왜 그 습관을 끝까지 지키려고 하지 않지요?"

베크리가 눈을 가늘게 뜨고 나서 대꾸했다.

"남을 미워하는 것은 죄지요. 저승의 문 앞에서는 심지어 자신의 가장 큰 원수하고도 화해를 해야만 하는 거라고요!"

몽둥이로 치지 마라!

베크리 무스타파는 자기가 좋아하는 상표의 술이 매우 싼 가격에 나온 것을 발견하자 여러 병을 더 샀다. 그러고는 술병들을 자루에 넣어 감추고 자루를 등에 둘러멘 채 집으로 돌아가고 있었다. 도중에 그는 순찰을 돌며 감시하던 감시관들을 만났다.

감시관 하나가 방망이로 자루를 쿡 찔러보면서 그에게 물었다.

"이 자루 안에는 뭐가 들어 있지요?"

소스라치게 놀란 베크리가 대꾸했다.

"당신이 이 자루를 한 번 더 치면 안엔 정말 아무 것도 없어요!"

저는 준비가 되었어요!

집주인은 매우 매력적인 하녀에게 그녀가 밤에 자기 침실에 갈 시간이 되면 반드시 미리 알리라고 지시했다. 어느 날 밤에 그들이 집에서 파티를 열고 손님들을 초청했다. 손님들은 모두 유쾌한 기분으로 파티를 즐기고 있었다.

그런데 갑자기 하녀가 파티장에 들어서더니 큰소리로 선언했다.

"저는 지금 침실에 가려고 해요, 주인님!"

그 자리에 모인 모든 사람이 엄청난 쇼크를 받았지만 아무도 입을 열지 않았다. 다음 날 주인이 하녀를 불렀다. 그러고는 침실에 갈 시간이 되면 어떻게 자기에게 알려주어야 할지 가르쳤다.

한 달 뒤 그 집에서 다시 파티가 열렸다. 자정 무렵이 되자 잠옷 차림의 하녀가 파티장에 들어서더니 주인에게 허리를 굽혀 귀에 대고 속삭였다.

"저는 준비가 되었어요, 주인님!"

호기심이 너무 많다

어린 소녀가 어머니에게 물었다.

"엄마! 하느님은 우리가 하는 모든 행동을 보고 있나요?"

"그렇단다, 애야. 보시고말고!"

"그럼 우리가 하는 말도 모두 듣고 있나요?"

"그야 물론이지."

"심지어는 어린애들이 하는 모든 행동도 보고 모든 말도
듣나요?"

"그야 물론이지."

소녀가 잠시 생각에 잠겼다가 한 마디 던졌다.

"그렇다면 말예요. 호기심이 너무 많은 하느님이잖아요!"

매우 먼 친척

건설 현장의 감독이 근로자들 가운데 한 명의 태도에 대해
격분했다. 그래서 그를 자기 사무실에 불러 놓고는 온갖 종
류의 더러운 욕설을 모조리 퍼부었다. 그렇게 하고도 분이
풀리지 않자 그는 그 자리에 있던 다른 근로자에게 이렇게
말했다.

"당신은 이 자식의 가까운 친척이라고 들었어. 그런가?"

그 근로자가 펄쩍 뛰면서 대꾸했다.

"천만에요, 감독님! 이 사람은 우리 부모의 첫째 아이지요. 그리고 저는 우연히 다섯 번째로 태어났고요!"

다른 열 명을 보내주세요

남자대학의 장난꾸러기 학생들이 여자대학의 여자 학장을 찾아가서 말했다.

"존경하는 학장님! 우리 학교에서 곧 파티를 열까 합니다. 그래서 우린 이 대학의 여학생들을 손님으로 초청하고 싶군요."

여자 학장이 잠시 생각해 본 다음에 대답했다.

"글쎄요. 우린 아직 여러분 대학의 학장으로부터 초청장을 받지 못했어요. 하지만 안 될 것도 없지요. 난 내가 가장 신임하는 여학생 열 명을 여러분의 파티에 보내 주겠어요."

그들은 태연한 어조로 대꾸했다.

"학장님이 신임하지 않는 다른 열 명을 보내주시면 어때요?"

열차 역을 마비시켜라

소대장이 상사를 불러 지시했다.

"다섯 명을 선발하라. 그리고 여기서 십 리 떨어진 열차 역을 습격하여 기능을 마비시킨 다음에 귀대하라!"

상사가 그에게 경례를 하고 병사들에게 갔다. 그리고 병사들과 함께 떠났다.

얼마 후 그들이 돌아오자 소대장이 물었다.

"열차 역은 지금 기능이 마비되었는가?"

"그렇습니다, 소대장님!"

"어떻게 마비시켰는데?"

"우린 상자들 안에 든 모든 표를 불태워 버렸습니다, 소대장님!"

아담에 대한 처벌

선생이 종교에 관해 강의를 하다가 테멜에게 물었다.

"아담이 지은 죄는 뭐지 ?"

테멜이 대답했다.

"그는 금지된 사과를 먹었지요, 선생님."
"하느님께서는 그를 어떻게 처벌하셨지?"
"그를 하와와 결혼시켰지요."

응급조치의 요약

물에 빠진 사람을 건졌을 때 어떻게 최초의 응급조치를 취해야만 하는지 교수가 학생들에게 가르쳤다. 그러고는 한 학생에게 자기가 가르쳐 준 방법을 말해보라고 지시했다.

영리하게 생긴 그 학생은 교수가 가르쳐 준 내용을 이렇게 요약했다.

"우선 우리는 물에서 그를 빼어내고 그 다음에는 그에게서 물을 빼어야만 합니다."

트럭이 작아서 헛장사를 했다

친구 두 명이 한 자리에 모였을 때 그들은 돈을 벌기로 작정했다. 그래서 도매상에서 귤을 잔뜩 사고는 작은 트럭을 빌렸다. 그들은 사방을 돌아다니면서 그 귤을 처음에 산값으로 팔았다. 하루 종일 받은 돈을 계산하다가 한 친구가 말했다.

"우린 투자한 돈을 다시 회수했어! 이익이 전혀 없다 이거야!"

다른 친구가 대꾸했다.

"어쩐지 트럭이 너무 작더라. 다음번에는 더 큰 트럭을 빌려야만 해!"

달걀을 파는 농부

인칠리 샤브슈는 사람들에게 속임수를 보여주기를 좋아했다. 그는 마술사와 오랫동안 같이 생활을 했기 때문에 결국에는 자기 자신도 마술사가 되어 이웃사람들에게 마술을 보여주기 시작했다.

어느 날 시장에 간 그는 신선한 달걀들을 팔려고 내놓은 농부를 보았다. 그가 달걀 한 개의 가격을 물어보자 가난한 농부는 그가 달걀을 전부 살 것이라고 생각했다. 그래서 달걀 하나에 20원이라고 대답했다.

인칠리는 달걀을 한 개만 산 다음 달걀의 위쪽을 깼다. 그리고 두 손가락을 집어넣어 그 속에서 금화를 한 개 꺼내 손수건으로 닦고는 자기 호주머니에 넣었다. 달걀을 팔던 농부의 눈이 휘둥그레졌다. 인칠리는 달걀을 한 개 더 사서 똑같은 속임수를 보여주었다. 그런 뒤 다시 한 개를 더 사려고 하자 농부가 거절하면서 말했다.

"안 돼요. 달걀을 더 이상 당신에게 팔지 않겠어요."
"한 개에 50원을 줘도 안 팔 거요?"
"그럼요. 이젠 팔 달걀이 하나도 없어요!"
"한 개에 백 원을 줘도 안 팔아요?"
"물론이지요. 내 달걀들은 팔 물건이 아니라고요!"
"좋아요. 마음대로 하세요."

농부는 달걀 상자들을 허겁지겁 모아 싸서 들고는 시장 한쪽의 으슥한 구석에 갔다. 인칠리는 농부의 뒤를 따라가 모퉁이에 몸을 숨긴 채 바라보고 있었다. 가련한 농부는 돌을 하나 집어든 다음에 달걀을 하나씩 깨기 시작했다. 달걀에서 금화가 나오기를 간절히 바라는 심정으로 말이다. 달걀을 모조리 깨고 나서도 금화를 발견하지 못한 농부는 드디어 울기 시작했다.

그러자 인칠리는 농부에게 다가가 금화를 보여준 것은 속임수였다고 말했다. 이어서 그는 깨진 달걀 전체의 값을 물어주어 농부가 미소를 짓도록 만들었다.

당연한 일

유명한 시인이 어느 여관의 식당에 들어갔을 때 그곳에 있던 젊은이들이 그가 누구인지 알아보았다.

그래서 그들은 시인을 자기네 테이블에 초대한 다음 문학과 예술에 관해 토론하기 시작했다. 시인은 밤이 깊도록 그들에게 자기 시를 낭송해 주었다.

자정이 지나자 시인은 여관주인에게 이렇게 말했다.

"나는 너무 많은 시를 낭송해주어서 저 사람들이 지루하게 느끼도록 만든 모양입니다."

여관주인이 그를 위로하면서 대꾸했다.

"염려하실 거 없어요. 그렇게 해주는 것이 저 사람들에게는 당연해요!"

네 팔꿈치로 문을 밀어라

새 아파트로 이사를 간 그는 자기 집을 찾아오는 길을 친구에게 설명했다.

"탁심 광장으로 와. 그리고 오른쪽 두 번째 길로 들어서라고. 거기 4번지가 보여. 그러면 아파트 문을 네 팔꿈치로 밀어. 그래도 문이 열리지 않으면 위에서 세 번째 버튼을 네 팔꿈치로 밀어. 엘리베이터를 탄 다음에는 네 번째 버튼을 네 팔꿈치로 밀어. 엘리베이터 문을 네 팔꿈치로 밀어서 밖으로 나온 다음에는 내 아파트의 문을 밀어.”

“잠깐만! 내가 왜 이 모든 동작을 내 팔꿈치로 해야 되는 거야?”

“그야 우린 새 아파트로 이사했기 때문이야. 넌 분명히 빈손으로 오지는 않을 테니까.”

낡은 달을 처리하는 방법은?

어느 양치기가 나스레딘 호디야에게 물었다.

“초승달은 매우 가늘지만 이윽고 달은 점점 커지지요. 15일이 지나면 다시 작아지다가 결국은 사라지지요. 그런데 하늘에서는 그 낡은 달을 가지고 뭘 하지요?”

호디야가 미소를 지으면서 대답했다.

“천사들은 낡은 달을 늘여서 번개를 만들거나 아니면 잘게 잘라서 별들을 만들지요!”

문제는 같지만 정답이 매번 달라진다

리제의 교수가 자기의 조교인 테멜에게 학기말 시험을 위해 마련한 시험문제를 보여주었다.

테멜이 놀라서 소리쳤다.

"아니, 교수님! 이건 지난 번 시험에 냈던 문제와 똑같은 거잖아요!"

교수가 태연히 대답했다.

"그야 물론 똑같은 문제지. 하지만 난 매번 다른 정답을 준비해 두고 있거든."

며칠 동안이나 술을 마셨나?

밤 12시가 되자 술집의 단골손님 하나가 축배를 들기 위해 잔을 높이 든 채 소리쳤다.

"새해를 축하합니다!"

옆에 있던 다른 단골손님이 그의 옆구리를 쿡 찌르면서 말했다.

"당신 미쳤소? 오늘은 1월 3일이라고요!"

그가 놀라서 소리쳤다.

"뭐라고요? 난 이렇게 늦게 귀가한 적이 한 번도 없어요!
이번에는 마누라 말이 맞았어요!"

내가 질투하도록 만들지 말아요

어느 집의 안주인이 미모의 하녀에게 말했다.
"난 어제 남편 목에 묻은 립스틱 연지를 발견했어. 난 벌써
오랫동안 남편의 여비서를 의심해 왔는데 말이야."
하녀가 불쾌한 표정으로 대꾸했다.
"그런 말씀은 하지 마세요! 왜 내가 질투하도록 만드시려
는 거예요?"

당나귀가 뒷발로 찼다고 생각해라

어느 술주정뱅이가 몸의 균형을 잡지 못하고 비틀거리다
가 실수로 벡타시의 목을 철썩 때렸다. 벡타시는 전혀 아랑
곳하지 않은 채 술을 계속해서 마셨다.
그러자 그의 친구가 한 마디 던졌다.

“저놈이 너를 때렸는데도 넌 꿈쩍도 하지 않는 거냐?”
벡타시가 이상하다는 듯이 반문했다.
“당나귀가 뒷발로 너를 찼다면 넌 어떻게 할 거냐?”

남자어른들은 태어나지 않았나?

영국여자가 흑해연안을 관광하다가 리제의 개암나무 농장을 방문했다. 그곳에서는 남자들은 하나도 보이지 않고 여자들만 일하고 있었다.
이상하게 여긴 그녀가 한 여자에게 다가가 물었다.
“이곳에는 남자어른들은 태어나지 않았나요?”
질문을 받은 여자가 대꾸했다.
“그야 물론이지요. 여기서 우린 어린애들만 낳거든요. 하지만 당신이 남자어른을 낳는다면 그거야 내가 상관할 일도 아니겠지요.”

기억에도 없는 일인데...

오토만 제국 시절에 정부는 이슬람 신도가 아닌 사람들로부터 별도의 세금을 추가로 걷었다. 술주정뱅이 무스타파는 머리에 감는 터번을 깜빡 잊어버리고 술집에 놓아둔 채 나와서 길을 가다가 세금을 걷는 관리를 만났다.

관리가 말했다.

"이봐요! 납세필증을 보여 주시오."

무스타파가 대꾸했다.

"귀찮게 굴지 말아요! 난 세금 따위 낸 적이 없다고요!"

관리가 그를 붙잡아서 경찰서로 끌고 가려고 밀었다. 그곳 상점 주인들이 무스타파를 알아보고는 그가 이슬람 신도라고 관리에게 말해주었다.

그러자 관리가 퉁명스러운 어조로 그에게 물었다.

"왜 진작 이슬람 신도라고 말하지 않은 거요?"

무스타파가 대꾸했다.

"난 그걸 기억하지도 못하고 있었거든요."

비명을 지르는 작은 배

창밖을 내다보던 어린 소년은 커다란 예인선이 작은 페리선을 끌고 가는 것을 발견했다.

페리 선은 소형 어선들이 길을 비키도록 하기 위해 경적을 울려댔다.

소년이 큰소리로 아버지를 부르면 소리쳤다.

"저거 좀 보세요, 아빠! 큰 배가 작은 배의 꼬리를 잡아당기고 있는데 말이지요. 가련한 작은 놈은 너무 아파서 비명을 지르고 있다고요!"

편파적 대우에도 이유가 있다

개신교 목사가 죽은 뒤 저승에 들어갔다. 성 베드로는 그를 즉시 천당으로 불러들인 다음에 폭스바겐을 한 대 주었다. 그가 은하수를 편안하게 여행하도록 배려해 준 것이다.

차를 선물 받은 그는 처음에 매우 기분이 좋았다. 그러나 가톨릭 신부는 메르세데스 벤츠를 타고 유태교의 랍비는 롤스로이스를 타고 다니는 것을 보자 약간 화가 나서 성 베드로에게 불평을 털어놓았다.

그러자 성 베드로가 이렇게 대꾸했다.

"하지만 가톨릭 신부는 살아있는 동안 세속적 쾌락을 스스로 포기했어요. 그러니까 여기서 좀 더 편안하게 지내는 게 당연하지요."

"그럼 랍비는요?"

성 베드로가 어깨를 으쓱 올려 보이고 나서 대꾸했다.

"그거야... 내가 뭐라고 해야 좋을까요? 그는 우리 우두머리의 친척이거든요."

이 배는 너무 작다 이거요!

베크리 무스타파가 배를 한 척 빌려서 우스크다르를 떠나 에미노구로 향했다. 세라글리오 곶 근처에 이르렀을 때 폭풍이 닥쳤다. 유난히 예민한 베크리는 걱정이 태산 같았다. 노를 젓던 사공은 그의 극심한 공포상태를 알아채고 그를 달래주기 위해서 이렇게 말했다.

"왜 그렇게 겁을 집어 먹어요? 하느님께서는 위대하시니까 아무 걱정도 할 필요가 없어요."

화가 뻗친 베크리가 소리쳤다.

"하느님께서는 위대하시지만, 이 배는 코딱지만 하게 너무 작다 이거요!"

어느 쪽으로 몸을 눕힐까요?

한 사람이 벡타시에게 물었다.

"내가 호수에 수영을 하러 갔을 때는 어느 쪽으로 몸을 돌려서 누울까요?"

벡타시가 태연하게 대꾸했다.

"당신이 옷을 벗어서 놓아둔 그 쪽으로 몸을 돌리세요!"

할 말은 이제부터 다 해보라고요!

낮에는 물도 마시지 못하는 단식 기간인 라마단 달의 첫날 벡타시는 목이 몹시 말랐다. 그래서 그는 몰래 우물로 다가가서 물을 마시기 시작했다.

지나가던 사람이 그를 보고는 비난조로 물었다.

"무슨 일을 하고 있는 거요? 당신은 단식도 하지 않는 거요?"

벡타시는 못 들은 척하면서 물을 꿀꺽꿀꺽 마셨다. 물을 충분히 마시고 난 그는 자리에서 일어서더니 이렇게 대꾸했다.

"자, 당신이 하고 싶은 말은 이제부터 모조리 해보라고요!"

꿈보다 해몽이 더 좋다

메브레비 수도자와 벡타시와 이슬람 신학자가 잔치에 참석했다. 사람들은 그들이 경쟁하기를 바랐기 때문에 사탕을 한 쟁반 내놓은 다음 그들 가운데 가장 행복한 꿈을 꾸는 사람이 그것을 차지할 것이라고 말했다. 모든 사람이 그 조건에 찬성했다. 그리고 셋은 각각 잠자리에 들었다.

자정이 되자마자 벡타시가 잠이 깼는데, 그는 사탕을 모조리 먹어버린 다음에 다시 잠이 들었다.

다음 날 아침 벡타시는 다른 두 명에게 말했다.

"무슨 꿈을 꾸었는지 말해 보세요."

메브레비 수도자가 머리에 터번을 올려놓은 다음 대답했다.

"나는 꿈에 하늘로 높이 올라갔지요."

신학자가 대답했다.

"나는 이미 천국에 들어간 꿈을 꾸었지요."

벡타시가 배를 잡고 웃었다.

"나는 말이요. 한 사람은 하늘로 올라가고 또 한 사람은 천국에 들어가는 것을 꿈에서 보았지요. 난 당신들이 유한한 이 속세에 다시는 돌아오지 않을 것이라고 생각했어요. 그래서 사탕을 모조리 먹어버렸다 이거요!"

텔레비전에 미친 아이

한 여인이 인플루엔자에 걸렸지만 이틀 만에 나았다. 침대를 벗어나기는 했지만 목소리가 잘 나오지 않았다.

그녀가 침대를 벗어난 그 날 밤, 텔레비전 앞을 잠시도 떠나지 않는 외아들에게 아버지가 물었다.

"애, 네 엄마 좀 어떠니?"

외아들이 텔레비전 화면을 계속 쳐다보면서 대꾸했다.

"그림은 괜찮은데 소리는 웅웅거려요!"

정체를 숨기지 마라

테멜이 바퀴 달린 침대에 실려서 수술실에 들어갔다. 외과 의사와 수술 팀도 뒤를 이어 안에 들어섰다.

의사가 마취를 막 하려는 순간, 테멜이 의사에게 소리쳤다.

"그 마스크 벗어버리세요, 의사 선생님! 난 당신이 누군지 이미 알았다고요!"

고향의 공기

어느 사내는 고향을 떠난 지 상당히 오래되었다. 어느 날 자기 고향의 번호판을 단 자동차가 주차해 있는 것을 발견하자 그는 달려가서 타이어에 구멍을 뚫고 나서 그 구멍에서 새어나오는 공기를 들여 마시기 시작했다.

차 주인이 쏜살같이 달려와서 그에게 고함쳤다.

"빌어먹을! 당신 지금 무슨 짓을 하는 거요? 미쳤소?"

그러자 사내가 태연하게 대꾸했다.

"귀찮게 굴지 말아요! 난 지금 고향의 공기를 마시고 있는 중이에요!"

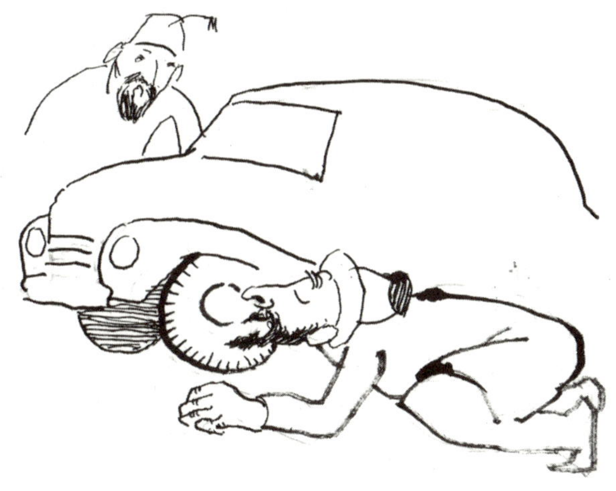

세상에서 제일 좋은 목각 남근

옛날에 지붕이 덮인 시장 안에 한 장인이 장사를 하고 있었다. 그는 당시 이스탄불의 여자들 사이에 인기가 매우 높던 목각 남근을 만들어 팔아서 생계를 유지하고 있었다.

어느 날 노예소녀가 그의 작은 작업장에 들어섰다. 그가 물었다.

"애야, 뭘 도와줄까?"

소녀가 대꾸했다.

"제 여주인께서 아저씨에게 한 가지 부탁이 있어서요."

"어떤 타입을 원하시는데?"

"뭐라고 설명을 드려야 좋을지 저도 모르겠어요. 하여간 여주인께서 말씀하시는 건 말이지요. 목각 남근이 터키인의 그것만큼 크고, 아랍인의 그것처럼 검고, 알바니아인의 그것처럼 길고 가늘며, 쿠르드인의 그것처럼 털이 많고, 코카서스인의 그것처럼 민첩하며, 유럽인의 그것처럼 부드럽고, 베네치아인의 그것처럼 단단했으면..."

장인이 소녀의 말을 가로막았다.

"애야, 네 여주인에게 가서 내 말을 전해라. 그런 물건을 내가 발견한다면 내가 그걸 내 궁둥이에 사용하겠다고 말이야!"

전쟁에서는 자기 혼자만 총을 쏘나?

혹해 연안에 거주하는 어느 노인이 갈리폴리 전쟁과 자신의 무용담을 손자들에게 늘어놓았다. 아이들은 입을 딱 벌린 채 그의 말에 귀를 기울였다.

그런데 갑자기 일곱 살 짜리 테멜이 물었다.

"할아버지! 할아버진 왜 다른 군인들에게는 총을 쏠 기회를 전혀 주지 않는 거예요?"

40년이 지나 깨달은 것은

옛 친구 두 명이 수십 년 만에 길에서 우연히 마주쳤다. 한 친구가 다른 친구에게 말했다.

"나는 내가 군인으로서는 적격이 아니라는 사실을 40년이 지나서야 깨달았어."

그의 친구가 물었다.

"그걸 깨달은 다음에 넌 어떻게 했는데?"

"그걸 깨달았을 때는 이미 늦었어. 그 동안에 난 장군이 되었거든."

거절하기 위한 해괴한 구실

나스레딘 호디야가 자기 정원에서 낮잠을 자고 있을 때 이웃사람이 찾아왔다. 이웃사람은 언제나 물건을 빌려가고는 했다.

"호디야! 밧줄을 좀 빌려줘요. 내가 장작을 좀 패려고요."

자리에서 일어난 호디야가 안으로 들어갔다가 나와서 대꾸했다.

"미안하게도 내가 깜빡 잊었어요. 빌려줄 수가 없어요. 우린 밧줄에다가 밀가루를 뿌렸거든요."

"이봐요, 호디야! 그럴 리가 없어요. 밧줄에 어떻게 밀가루를 뿌린단 말이요?"

어쨌든 호디야는 그 사내가 지긋지긋했다. 그래서 이렇게 대꾸했다.

"당신 같이 뻔뻔스러운 사람이 찾아올 경우에 대비해서 난 심지어 밧줄에도 밀가루를 뿌려 두었다 이거요!"

당나귀를 시장에 끌고 간 진짜 이유

나스레딘 호디야가 자기 당나귀를 팔기 위해 그것을 끌고 시장에 갔다. 당나귀가 곧 흥분했다. 그래서 꼬리를 잡는 사람은 모두 뒷발로 차는가 하면 이빨을 검사하려는 사람은 모두 물었다.

그 당나귀를 팔아주려던 상인이 드디어 호디야에게 말했다.

"성미가 고약한 이 당나귀는 다시 집에 끌고 가는 게 좋겠어요, 호디야. 아무도 사려고 하지 않으니까."

호디야가 날카롭게 쏘아붙였다.

"사실 난 이놈을 팔려고 여기 끌고 온 게 아니라고요. 이놈 때문에 내가 얼마나 고생이 심한지 모든 사람에게 보여주려고 그랬던 거요!"

정직하지 못한 놈들

벡타시는 자기 집에 돌아가기 위해서 날마다 시장의 긴 거리를 통과해야만 했다. 시장의 상인들은 그를 놀려먹기를 원했다.

그래서 어느 날 그가 시장 길을 통과하고 있을 때 모든 상
인들이 그의 등 뒤에서 소리쳤다.

"선생님!"

그가 걸음을 멈추고 뒤를 돌아보았다. 그러자 상인들 가운
데 하나가 말했다.

"미안해요! 우린 당신을 딴 사람으로 착각했다고요!"

이윽고 집에 도착한 벡타시가 뒤로 돌아서서 목청껏 소리
쳤다.

"정직하지 못한 놈들아!"

상점 주인들이 모조리 상점에서 나와 누가 소리치는지 알
아보려고 했다.

벡타시가 웃으면서 그들에게 말했다.

"아니! 정직하지 못한 놈들이 이렇게나 많이 있는 줄은 내
가 미처 몰랐어요!"

선장의 가장 큰 비밀

이드리스는 매우 유능한 선장이었다. 모든 선원들이 그를
몹시 좋아했다. 언제, 어디서나 문제가 생기면 그들은 선장
을 찾아가 상의하고 그는 모든 문제를 잘 알고 해결해 주었

다.

　아침에 자기 선실을 나설 때마다 이 늙은 선장은 금고에서 종이쪽지를 꺼내서 읽어본 다음 그것을 다시 금고에 넣고는 했다. 선원들은 누구나 그 종이쪽지에 무슨 글이 적혀 있는지 선장이 죽기 전에 알고 싶어서 안달했다.

　그러나 그들은 금고에 접근할 수가 없었다.

　그래서 그가 죽은 뒤 장례를 치르고 애도 기간이 지나서야 선원들이 모여서 금고를 열고는 드디어 문제의 그 종이쪽지를 읽어볼 수 있었다.

　거기에는 이렇게 적혀 있었다.

　"우현은 오른쪽이다. 좌현은 왼쪽이다."

단식을 왜 안 하는지 묻지 마라

　단식기간인 라마단 달인데도 불구하고 벡타시가 또 술에 취했다. 그는 집으로 돌아가는 길에도 술병을 입에 댄 채 나발을 불고 있었다. 게다가 노래까지 흥얼거렸다. 그러다가 순찰을 돌던 감시관들에게 붙잡혔다.

　감시관들이 물었다.

　"당신은 거룩한 라마단 달에 단식도 안 하는 거요?"

벡타시가 눈을 가늘게 뜨더니 눈을 껌뻑거리면서 대꾸했다.

"맨 정신인 사람들도 단식하기는 매우 힘들지요. 그런데 이렇게 엉망으로 취한 내가 어떻게 단식을 할 수 있단 말이요?"

양치기가 군주에게 자문을 해준 결과는 뻔하다

어느 맑은 날, 술탄 아흐메트 1세의 측근인 인칠리 샤브슈가 술탄과 함께 산책을 하러 야외에 나갔다. 그들은 양떼를 거느리고 갑자기 나타난 양치기와 마주쳤다.

술탄이 인칠리에게 지시했다.

"양치기들은 날씨를 잘 알아본다고 해. 그러니까 저 사내에게 가서 앞으로 비가 올지 안 올지 물어보라고."

인칠리가 양치기에게 다가가서 물었다. 양치기는 자기 당나귀의 꼬리를 들어본 다음 하늘을 올려다보았다.

그러고 대답했다.

"비는 안 올 겁니다."

인칠리는 말머리를 돌려 술탄에게 돌아간 다음에 양치기가 한 말을 전했다. 그러나 하늘이 갑자기 시커멓게 돌변하더니 폭포 같은 폭우가 쏟아지기 시작했다. 그들은 급하게 나무 아래로 피신했다.

술탄이 인칠리에게 물었다.

"무슨 날씨가 이런가? 비가 오지 않을 거라고 했는데 말이야."

인칠리는 이렇게 대꾸했다.

"전하! 양치기가 전하의 자문 전문가고 그의 당나귀 꼬리가 자문의 도구라면, 전하께 이러한 결과가 닥치는 것은 당연하지요!"

두 여자와 결혼한 죄의 처벌

테멜은 취직을 하러 이스탄불에 갔다. 그리고 그는 이미 본처가 있었지만 어떤 여자와 또 결혼을 했다.

어느 날 그는 어느 변호사를 알게 되었다. 그래서 변호사에게 질문을 던졌다.

"두 여자와 결혼한 남자는 어떤 처벌을 받지요?"

변호사가 즉시 대답했다.

"장모가 둘이나 생기는 거지요."

선물로 쓸 연고

온 집안사람들이 가려움증에 시달려 너나할 것 없이 누구나 미친 듯이 몸을 긁어댔다. 그래서 테멜의 아버지는 드디어 약국에 가서 유황 성분이 든 연고를 사오기로 결정했다.

테멜이 집을 나서려고 할 때 아버지가 이렇게 주의를 주었다.

"약제사가 묻거든 우리가 가려움증에 시달린다는 말은 절대로 하지 말아. 그건 집안 망신이야! 연고는 그저 선물로 쓸 거라고 해!"

해군 참모총장을 불러 와!

금주 시대의 이야기다. 비밀 술집에서 베크리 무스타파도 술을 마시고 있을 때 경찰이 들이닥쳤다. 경찰서장이 미친 듯이 화를 내며 현장 지휘를 하는 모습을 바라보던 베크리는 자기 술병과 술잔을 움켜쥔 채 뒷마당의 연못으로 풍덩 뛰어들었다.

경찰서장이 사태를 파악했다. 그래서 베크리를 향해 고함 쳤다.

"이봐요, 베크리! 난 당신이 어디 있는지 다 알아요. 그 연못에서 빨리 나오라고요!"

그러자 물 위로 고개만 내민 채 베크리가 대꾸했다.

"자, 보세요. 당신은 이곳의 사태에 대해 조치할 권한이 없어요. 난 지금 넓은 바다 한 가운데 있거든요. 그러니까 오로지 해군 참모총장만이 내 일에 간섭할 권한이 있다 이거요!"

세상이 뒤집어진들

한 사람이 분개해서 소리쳤다.

"도덕이 모조리 무너졌어요! 이런 식으로 가다가는 온 세상이 아래위가 뒤집어지고 말거라고요!"

벡타시가 차분한 어조로 대꾸했다.

"아래위가 뒤집어져도 상관없어요. 어쩌면 아래쪽이 위쪽보다 더 좋을지도 모르니까요."

모순

어느 이슬람 신학자가 모스크에서 설교를 하고 있었다.

"코담배의 냄새를 맡는 것은 죄입니다!"

청중 가운데 벡타시가 있었다. 그가 자세히 바라보니 신학자의 콧구멍이 코담배로 가득 차 있지 않은가! 그래서 그가 큰소리로 외쳤다.

"선생님! 당신 코와 당신 입은 서로 모순이 되잖아요!"

유머감각도 없는 하느님

테멜이 고기잡이를 하러 나가면서 하느님과 약속을 했다.

"하느님, 오늘 첫 번째 잡히는 물고기는 가난한 사람에게 주겠습니다."

이윽고 그는 한참 노를 저어 멀리간 뒤 낚시를 드리웠다. 줄을 잡아당겨보니 엄청나게 큰 고기가 잡혔다. 그는 혼잣말로 소리쳤다.

"아니! 이렇게 큰 놈을 내가 어떻게 가난한 사람에게 줄 수 있단 말인가!"

그 순간 물고기가 몸부림을 치더니 낚싯바늘에서 벗어나

바닷물 속으로 풍덩 빠졌다.

테멜이 한숨을 내쉬며 큰소리로 외쳤다.

"하느님! 당신은 참으로 유머감각도 없으시군요!"

하느님, 저는 빚진 게 없어요!

어느 날 인칠리 샤브슈가 아나톨리아 지방에 위치한 자기 고향을 떠나서 이스탄불에 갔다.

대도시에서 직업을 구하지 못한 그는 저축한 돈을 까먹으면서 살았다. 얼마 지나지 않아 돈이 바닥이 났다. 남은 것이라고는 천 리라 동전 하나뿐이었다.

그는 상점에 들어가서 값이 500리라인 치즈를 한 덩어리 샀다. 상점 주인은 그의 동전을 받아 서랍에 넣더니 다음 손님을 기다렸다. 그래서 인칠리가 주인에게 말했다.

"거스름돈을 주세요."

"무슨 소릴 하는 거요? 난 분명히 거슬러 주었다고요."

"천만에요! 거스름을 받았다면 난 당신에게 다시 요청하지도 않았을 거요!"

"난 분명히 거슬러 주었어요. 당신이 잊어버린 거요."

"이봐요. 난 분명히 받은 적이 없다고요."

“귀찮게 그만 구세요!”

인칠리는 말문이 막혔다. 그러자 주인이 다시 소리쳤다.

“당신은 그 치즈 덩어리를 돈도 안 내고 그냥 가져갈 셈이요?”

그제야 인릴리는 그 주인이 잔돈을 절대로 내주지 않을 것이라는 사실을 깨달았다. 그는 길게 숨을 들이마신 다음에 그 상점을 나섰다. 그러고는 빵가게로 갔다.

“500리라짜리 빵을 주세요.”

빵을 받아든 그는 곧장 빵가게를 나서려고 했다. 주인이 그의 등 뒤에서 소리쳤다.

“이봐요! 돈을 내고 가라고요!”

“난 분명히 냈어요! 빵을 달라고 할 때 냈다 이거요!”

“천만에요! 당신은 돈을 한 푼도 낸 적이 없어요.”

“당신이 잊어버린 거요. 난 두 번씩이나 돈을 낼 수는 없어요.”

그는 서둘러 빵가게를 나온 뒤 한참이나 빠른 걸음으로 걸었다. 이윽고 아무도 없는 곳에 이르렀을 때 그는 혼잣말로 중얼거렸다.

“하느님! 당신이 잘 아시다시피 치즈가게 주인은 제게 돈을 두 배로 받았고 빵가게 주인은 한 푼도 못 받았지요. 그러니까 최후의 심판의 날에 당신이 치즈가게 주인에게서 500

리라를 받아 빵가게 주인에게 주시기 바랍니다. 저는 빚을
진 게 전혀 없으니까요!"

40년 묵은 식초

어느 날 이웃사람이 호디야에게 물었다.
"호디야! 혹시 40년 묵은 식초를 가지고 있나요?"
"물론 있지요."
"그걸 조금만 나누어줄 수는 없겠어요?"
"안 돼요."
"왜요? 우린 친구 사인데 뭘 그래요?"
"당신 같은 사람들에게 그걸 나누어 주었다가는 내가 먹을
게 한 방울도 안 남았을 테니까요."

병아리의 모친상

호디야가 암탉 한 마리를 잃어버렸다. 사방을 찾아보아도
닭은 발견되지 않았다. 그래서 그는 검은 색의 작은 헝겊을

집어서 병아리 목에 감았다.

어떤 사람이 그것을 보더니 그에게 물었다.

"이건 무슨 뜻인가요, 호디야?"

"이 병아리는 모친상을 당해서 애도하고 있지요!"

고양이와 앵무새

고양이가 앵무새에게 말했다.

"넌 나보다 영리하지 못해. 난 쥐들을 쫓아버리고 주인 무릎에 누워서 애무를 받지."

앵무새가 말을 막았다.

"그래? 하지만 난 말을 할 수가 있다고."

고양이가 대꾸했다.

"그래? 그럼 지금 우리는 뭘 하고 있는 거지?"

모든 것이 지나가버리지만 예외는

베크리 무스타파가 집으로 돌아가고 있을 때 엄청난 폭우가 쏟아졌다. 그는 어느 상점 처마밑으로 피신해서 택시를 기다렸다. 아무리 기다려도 택시라고는 단 한 대도 눈에 띄지 않았다.

그래서 그는 한숨을 내쉬면서 중얼거렸다.

"뜬구름 같은 이 세상에서는 모든 것이 왔다가 지나가 버린다. 그런데 다만 나를 집에 데려다 줄 택시만은 오지 않는구나!"

여자와 자려면 용기가 필요하다?

지방장관인 파샤가 벡타시에게 물었다.

"어제 당신이 어떤 여자와 같이 있는 걸 내가 보았는데 그 여잔 누구지요?"

"제 마누라지요."

"그래요? 당신 아내는 정말 못 생겼군요. 그런데 어떻게 당신은 그런 여자와 같이 잘 수가 있지요?"

그 말에 벡타시가 쏘아붙였다.

"장관님! 숨처럼 보이는 당신 부인과 같은 여자와는 누구
나 함께 잘 수가 있지요. 하지만 내 마누라 같은 여자와 함께
자려면 대단한 용기가 필요하다고요!"

누가 난처한 지경에 이를까?

나스레딘 호디야는 두 딸을 두었다. 한 사위는 농부였고
다른 사위는 벽돌공이었다. 어느 날 그는 두 딸과 잡담을 나
누고 있었다.

그 때 벽돌공의 아내가 말했다.

"금년에 가뭄이 들면 내 남편은 새 옷을 한 벌 사주기로 약
속했어요."

농부의 아내가 고함쳤다.

"금년에 비가 많이 온다면 내 남편은 모피코트를 사주기로
약속했어요."

두 달의 말을 다 듣고 난 호디야가 고개를 가로 저으면서
대꾸했다.

"너희 가운데 하나는 매우 난처한 지경에 이르겠구나. 그
런데 난 누가 그 지경에 이를지 모르겠어."

지구가 뒤집힌다

친구들이 호디야에게 물었다.

"아침마다 어떤 사람들은 이쪽으로 가고 다른 사람들은 저쪽으로 가는 이유는 뭘까?"

호디야가 너털웃음을 터뜨리며 대꾸했다.

"바보들 같으니! 만일 모든 사람이 한쪽 방향으로만 간다면 지구는 균형을 잃어서 뒤집어질 게 아니겠어?"

성지순례

매우 지독한 구두쇠가 벡타시에게 100원짜리 동전을 주고는 그를 조롱하면서 말했다.

"난 당신이 이제 곧장 술집에 갈 거라는 걸 알아요!"

벡타시가 그에게 쏘아붙였다.

"이봐요! 난 당신이 자선한 돈을 가지고는 성지순례를 할 수가 없다 이거요."

가부를 대답하기 전에 해야 할 일이 있다

베크리 무스타파는 술탄 무라트 4세의 자문관이 되었다. 술탄이 몇 가지 질문을 던지기 위해 그를 불렀다.

"베크리! 내가 명령하는 것은 무엇이든지 따르겠소?"

베크리가 허리를 굽히면서 대답했다.

"그야 물론이지요, 전하."

술탄이 궁전의 많은 창문들 가운데 하나를 손으로 가리키면서 말했다.

"좋소. 내가 명령한다면 당신은 바다에 뛰어 들겠소?"

그 말에 베크리는 한마디도 대답하지 않은 채 돌아서서 큰 문을 향해 걸어가기 시작했다.

술탄이 물었다.

"어디로 가는 거요? 무슨 일이오?"

베크리가 다시 돌아서더니 웃으면서 대답했다.

"전하의 명령에 가부를 대답하기 전에 저는 수영하는 법을 먼저 배우지 않으면 안 되거든요."

그가 아는 영어단어들

테멜은 선원이었는데 그가 탄 배가 미국의 볼티모어에 도착했다. 상륙허가를 받은 그는 계단을 내려가면서 자기가 아는 영어 단어들을 반복했다.

"오케이는 좋다는 뜻이다. 오케이는 좋다는 뜻이다. 오케이는 좋다는 뜻이다..."

금요일 기도시간

어느 날 호디야가 자기 당나귀를 타고 가고 있었다. 도중에서 만난 친구가 그에게 물었다.

"어이, 호디야! 어딜 가는 거야?"

"금요일 기도를 위해 모스크에 가는 중이지."

"뭐라고? 오늘은 화요일이잖아!"

호디야가 먼저 당나귀를 쳐다보더니 이윽고 시선을 자기 친구에게 돌렸다.

"이거 봐. 네가 만일 내가 가진 이 당나귀와 똑같은 당나귀를 가졌다면 화요일에 출발을 해야만 기도시간에 제대로 맞추어 도착할 수가 있다는 것을 알거야!"

잘못된 처방

테멜이 단골손님 환자를 만났을 때 그 환자가 그를 비난하기 시작했다.

"의사 선생님! 내가 4년 전 당신에게 갔을 때 당신은 내가 6개월밖에는 못 살 거라고 말했지요. 그래서 다른 의사에게 갔더니 그는 내가 앞으로도 오래오래 살 거라고 말했어요. 이게 도대체 어떻게 된 거냐고요!"

테멜이 웃으면서 대꾸했다.

"그거야.... 처방이 잘못된 거지요!"

절벽 바로 앞에서

술탄이 인칠리 샤브슈를 페르시아 왕에게 사신으로 파견했다. 페르시아 왕이 어느 날 사냥을 하러 가면서 인칠리를 초청했다.

피곤한 사냥이 끝난 뒤 일행은 커다란 느티나무 그늘 아래에서 휴식을 취했다. 자기 측근들을 매우 총애하는 왕이 인칠리에게 말했다.

"내 측근들은 매우 충실한 하인들이기 때문에 내가 저 절

벽 아래로 몸을 던지라고 명령하면 누구나 즉시 몸을 던질
것이오.”

그 말에 소스라치게 놀란 인칠리는 왕의 말을 믿지 않았
다. 그래서 왕은 측근 두 명에게 절벽 아래로 몸을 던지라고
명령했다. 그들은 즉시 왕의 명령에 복종하여 죽었다.

왕이 몸을 인칠리에게 돌려 말했다.

“당신도 술탄을 사랑한다면 저 사람들과 똑같이 행동하시
오! 자, 이젠 당신이 술탄을 사랑한다는 것을 보이시오!”

인칠리가 자리에서 일어서더니 “좋습니다!” 라고 말한 다
음 절벽 바로 앞까지 달려갔다. 그러고는 갑자기 멈추었다.

왕이 물었다.

“왜 멈추는 거요? 계속 달려가 뛰어내리시오!”

인칠리가 웃으면서 대답했다.

“그건 안 됩니다, 폐하! 나는 바로 여기까지만 술탄을 사랑
하거든요!”

그건 문제가 다르다

호디야가 경찰서장의 직책을 맡게 되자 사람들이 그에게
물었다.

"호디야! 당신 황소가 우리 암소를 받아서 죽인 경우 당신은 어떻게 처벌할 거요?"

호디야가 갑자기 말을 막고 쏘아붙였다.

"짐승들은 판단력이 없어요. 그러니까 처벌을 받을 수가 없지요."

사람들이 말을 돌려서 유도했다.

"죄송해요, 호디야. 우리가 잘못 말했어요. 사실은 우리 황소가 당신 암소를 죽였거든요."

노기충천하여 얼굴이 벌겋게 상기된 호디야가 소리쳤다.

"그렇다면 그건 문제가 다르지요! 난 법률 책을 뒤져봐야만 하겠어요!"

다시는 당신을 귀찮게 하지 않겠어요

벡타시가 기도를 하러 모스크에 가서 이렇게 기도했다.

"하느님! 저는 당신 집에 오늘 처음 왔지요. 그리고 저는 다른 사람들처럼 하루에 다섯 번이나 당신을 귀찮게 하고 싶지가 않아요. 제가 모든 빚을 청산할 수 있을 만큼 충분한 돈을 주세요. 그러면 다시는 당신을 귀찮게 하지 않을 테니까요!"

꼬리에 불이 붙은 새

 높은 산의 꼭대기에 독수리들이 모여 앉아 있었다. 제트 여객기가 지나갈 때 한 마리가 말했다.

 "저 새는 어디론가 정말 허겁지겁 날아가고 있군 그래!"

 다른 독수리가 부리를 흔들면서 대꾸했다.

 "하긴 네가 저 새의 입장이라면 너도 마찬가지일 거야. 저 녀석의 꼬리에 불이 붙은 게 안 보이냐?"

사랑에 성공할 뻔한 남자

어느 날 벡타시가 이러한 질문을 받았다.

"당신은 사랑을 해 본 적이 있어요?"

그래서 그는 이렇게 대답했다.

"물론 있지요. 단 한 번 거의 사랑에 성공할 뻔했지요. 하지만 그녀의 남편이 들어오는 바람에 우린 서로 껴안을 수가 없었다고요!"

끼어들지 말아요

어떤 사람이 개를 데리고 산책을 나갔다가 자기가 평소에 지긋지긋하게 여기던 이웃사람을 만났다.

이웃사람이 물었다.

"이 당나귀를 데리고 어디로 가는 중이지요?"

기가 막힌 그가 대꾸했다.

"이게 개라는 걸 모르나요? 당신은 개와 당나귀도 구별하지 못하는가요?"

이웃사람이 차분한 어조로 대꾸했다.

"이봐요! 난 지금 이 개와 대화를 하는 중이요. 그런데 왜 당신이 끼어드는 거요?"

모함하는 거짓말들

베크리가 사는 도시의 시장이 주민들의 진정서를 살펴보면서 베크리에게 말했다.

"베크리! 당신 가족들은 당신의 생활방식을 좋아하지 않아요. 그들이 진정한 내용은 당신이 밤마다 술에 취해서 늦게 귀가하는가 하면 아내가 아닌 다른 미녀들과 즐긴다고 하는 것인데..."

베크리가 시장을 조롱하는 어조로 대꾸했다.

"그들은 거짓말을 하고 있어요. 시장님! 나는 낮에 집에 돌아간 적이 한번도 없지요. 그리고 밤에는 모든 사람이 잠든 뒤에 귀가했고요. 그런데 그들이 나를 어떻게 볼 수가 있었겠어요? 게다가 미녀들에 관해서 말하자면, 내가 할 수 있는 일이란 그들을 꿈꾸는 것밖에는 없잖아요!"

간신히 목숨을 건졌다고요!

어느 날 밤, 호디야는 자기 집 정원에서 무엇인가가 움직이는 소리를 들었다. 창밖을 내다보니 시커먼 물체가 이리저리 쏜살같이 움직이고 있었다. 그래서 아내를 불렀다.

"여보! 빨리 내 활과 화살을 가져와요!"

그는 검은 물체를 도둑이라고 생각하고 목표를 향해 화살을 쏘았다. 그러고는 혼잣말로 중얼거렸다.

"죽어버리라고 해! 캄캄한 밤중에 난 밖으로 나가지 않을 테다."

다음 날 아침 호디야의 아내가 일찍 일어나서 정원에 나가 보았다. 그녀는 곧 안으로 달려 들어오더니 배를 잡고 웃기 시작했다.

"여보! 당신은 그게 도둑이라고 생각했지만 어젯밤에 당신은 바로 당신 옷의 배꼽을 쏘아 맞힌 거라고요!"

호디야는 난감한 표정으로 자기 상의에 뚫린 구멍을 내려다보았다. 이윽고 두 팔을 위로 쳐든 채 기도하기 시작했다.

"하느님, 제가 이 옷 안에 없어서 다행입니다! 만일 안에 들어 있었더라면 제가 어떻게 되었겠습니까?"

집에 일찍 들어왔는데

아내가 남편에게 경고했다.

"어젯밤에도 당신이 술집에서 나오는 꼴을 사람들이 또 보았어요. 당신이 술 마신다는 소릴 내가 다시 듣게 된다면..."

남편이 화가 잔뜩 난 표정으로 대꾸했다.

"여보! 난 내가 술집을 떠나는 모습을 사람들이 보지 못하게 하려고 밤 12시까지 그 술집에 머물러 있을 작정이었어. 그런데 밤 12시까지 거기 머물러 있었더라면 내가 귀가했을 때 당신은 역시 고래고래 악을 썼겠지. 안 그래?"

너나 준비를 잘해라

테멜은 앙카라에 있는 대학에서 공부하는 대학생이었다. 그는 자기가 학기 말 시험에 실패하여 낙제할 것이라는 사실을 알았다.

그래서 리제에 사는 어머니에게 전보를 쳤다.

"저는 실패할 겁니다. 아버지를 준비시키세요."

다음 날 그는 답신을 받았다.

"네 아버지는 준비가 되었다. 너나 준비를 잘해라."

회의가 밤새도록 계속된다면

벡타시의 친구들이 그를 어느 회의에 데리고 갔다. 연사가 주제 보고를 시작했다.

"여러분! 오늘의 주제는 44개의 독립된 문제들입니다만..."

벡타시가 자리에서 일어나 밖으로 나가려고 하자 친구들이 어디로 가려고 하는지 물었다.

그는 이렇게 대답했다.

"보아하니 난 여기서 밤을 새워야만 할 것 같아. 그래서 잠옷을 가지러 가려고 해."

고인의 이름이 새겨진 돌

어느 사내가 죽기 직전에 자기 여조카를 침대 머리맡에 불러놓고 말했다.

"넌 나의 유일한 친척이야. 내 베개 밑에 500만 리라가 있어. 넌 이 돈을 가져다가 내 이름이 새겨진 멋진 돌을 마련해야만 돼. 그러고는 자주 내 무덤을 방문해라."

이윽고 그가 죽었다. 여조카는 그 돈으로 다이아몬드 반지를 사서 손가락에 끼려고 했다.

그 때 주위 사람들이 말했다.

"네 삼촌의 유언을 실행하는 것이 고작 그런 방법이냐?"

그러자 그녀가 대꾸했다.

"삼촌은 나더러 비싼 돌을 사라고 해서 난 그렇게 했어요. 자기 이름을 그 돌에 새겨달라고 해서 난 그렇게 했어요."

"그렇지만 그가 말한 돌은 그의 무덤 앞에 놓여져야만 해."

"그렇지만 말이에요. 이것처럼 비싼 돌을 무덤 앞에 놓으면 도둑을 맞지 않겠어요? 이런 비싼 돌을 그의 무덤 앞에 놓으면 난 경비원을 고용해야만 할 거예요. 하지만 이 돌을 내 손가락에 낀다면 난 삼촌을 매일 생각하게 되지요. 돌이 무덤에 놓인다면 난 일 년에 한 번 갈까 말까 할 거고요."

평생 사랑에 빠져본 적이 없는 당나귀

어느 날 호디야가 마을 모스크에서 설교를 하게 되었다. 절망감에 사로잡힌 어느 여인이 안으로 들어오더니 호디야에게 말했다.

"호디야! 전 당나귀를 잃었어요! 제발 좀 찾아주세요!"

"염려 말아요! 내 설교가 끝난 다음에 그 일을 처리해 주겠어요."

설교가 끝나자 그는 거기 모인 남자들에게 질문했다.

"평생에 단 한 번도 사랑에 빠져본 적이 없는 사람이 있으면 일어나 보세요."

한 노인이 자리에서 일어나더니 이렇게 선언했다.

"난 평생에 단 한 번도 사랑에 빠져본 적이 없어요!"

호디야가 그 여인을 돌아보면서 말했다.

"부인! 당신이 잃어버린 당나귀를 발견했어요. 이 사람을 데리고 집에 돌아가세요!"

우리가 이 세상에 태어난 이유

벡타시의 셔츠가 너무 더러워서 기름걸레처럼 보였다. 한 친구가 그에게 말했다.

"넌 왜 셔츠를 빨지 않는 거냐? 정말 지독하게 더럽다!"

벡타시가 웃으면서 대꾸했다.

"그건 또 더러워질 테니까."

"그러면 또 빨면 되잖아!"

"또 빨아도 또 더러워질 거야."

"그러면 다시 한 번 더 빨면 되는 거야!"

벡타시가 잠시 생각에 잠겼다가 이윽고 그 친구에게 말했다.

"우린 유한한 목숨을 가지고 이 세상에 태어났어. 그런데 넌 우리가 셔츠를 빨기 위해 태어났다고 믿는 거야?"

선물도 선물 나름이다

테멜이 아내에게 주려고 커다란 다이아몬드 반지를 샀다. 그의 친구 케멜이 물었다.

"네 결혼기념일도 아니고 다른 특별한 일도 없잖아! 그런데 왜 그렇게 돈을 펑펑 쓰는 거냐?"

테멜이 대꾸했다.

"마누라는 말이야. 가죽장갑을 사달라고 벌써 오래전에 부탁했어. 그래서 난 마누라가 가죽장갑을 잊어버리고 나에게 더 이상 귀찮게 졸라대지 않게 하려고 이 다이아몬드 반지를 산 거라고!"

과거와 조금도 변함이 없는 노인

호디야의 친구들이 그리운 옛 시절에 관해 이야기의 꽃을 피우는 한편, 별 수 없이 과거의 젊은 시절과 나이 든 현재를 비교할 수밖에 없었다. 그들은 계속해서 이런 식으로 말을 했다.

"내가 젊었을 때는 말이야. 이십 리도 단숨에 달려갔지. 그런데 이제는 숨조차 쉬기가 힘들어…"

호디야는 친구들이 차례로 모두 말을 끝날 때까지 귀를 기울이고 나서 이렇게 말했다.

"그런데 나는 전혀 변하지 않았어. 난 과거의 나하고 완전히 똑같은 나라고!"

"이봐, 호디야! 어떻게 그럴 수가 있다는 거야? 그렇게 말하는 이유라도 있나?"

"자, 내 말을 들어보라고. 우리 집에 커다란 맷돌이 있어. 난 어렸을 때 그걸 들어보려 했지만 들 수 없었지. 그런데 며칠 전에 내가 들어보려고 했더니 역시 들 수가 없었어. 그러니까 난 변함이 없잖아!"

수상한 사위 감

남편이 아내에게 물었다.

"우리 딸의 결혼은 어떻게 되고 있지? 사위 감이 우리 딸을 좋아하나?"

"그야 물론이지요, 여보! 그는 우리 딸을 정말로 좋아해요."

그 말에 기분이 매우 상한 듯 남편이 대꾸했다.

"그 말이 사실이기를 바라겠어. 그 청년은 믿음직스럽지 않아. 바로 며칠 전에 그는 당신이 만든 음식에 대해 '최고에요! 얼마나 맛있는 요리인가요!' 라고 소리치면서 감탄했거든."

당신 치료법을 우리도 사용했지만

의사가 흑해 연안의 어느 마을을 통과하고 있었다. 그런데 갑자기 비명소리가 들리더니 의사를 소리쳐 부르는 사람들의 목소리가 들려왔다. 그는 의사를 학수고대하며 찾는 사람에게 다가가서 물었다.

"나는 의사인데 도대체 무슨 일이지요?"

테멜이라고 하는 그 사내가 급히 대답했다.

"내 아내 파디메가 죽었어요. 우린 어제 결혼했고 그래서 신방에 있었는데 그녀는 처녀성을 잃는 순간에 비명을 지르더니 그만 죽어버렸지 뭡니까?"

의사는 그녀가 있는 방에 들어갈 허락을 받았고 안으로 들어간 다음에 문을 닫았다. 파디메라고 하는 여자는 침대에 누워 있었다. 그녀의 아름다운 몸에는 실오라기 하나 걸쳐 있지 않았다.

의사는 그녀가 기절했을 뿐이라는 사실을 깨달았고 그래서 의식을 회복시켜 주었다. 이윽고 갓 결혼한 신부와 그곳을 지나가던 의사는 침대에서 오랫동안 뜨거운 정을 나누었다. 이윽고 그가 방에서 나갔다.

모든 마을사람들과 테멜은 문밖에서 그를 애타게 기다리고 있었다. 지칠 대로 지친 의사가 그들에게 말했다.

"나는 정말 힘들게 일을 해서 그녀를 다시 살려냈어요."

일 년이 지나 그 의사가 바로 그 마을을 지나가게 되었다. 그 때 테멜이 의사를 보자마자 이렇게 말했다.

"이봐요, 의사 선생! 당신 치료법은 우리 마을의 이발사에게는 효과가 없다고요. 그는 지난달에 죽었지요. 그가 죽은 날 이후로 우리 마을의 모든 남자가 그와 정을 통했지만 우린 그를 다시 일으켜 세울 수가 없었다 이거요!"

나는 이곳의 낯선 사람이라서

나스레딘 호디야는 그 때까지 한 번도 찾아가 본 적이 없는 어느 마을을 지나가고 있었다.

그와 마주친 농부가 물었다.

"오늘은 무슨 날이지요?"

호디야는 매우 피곤해서 그 날이 무슨 날인지 생각해 낼 수 없었다. 그래서 이렇게 대답했다.

"난 이 마을에서는 낯선 사람이지요. 그래서 당신들이 오늘을 무슨 날로 치고 있는지 알 수가 없어요."

신용한도

한 사람이 호디야에게 돈을 좀 빌려달라고 요청했다. 호디야가 대꾸했다.

"나는 현금이 없어요. 하지만 당신의 신용한도는 늘여줄 수 있지요. 얼마나 늘여줄까요?"

그 많은 등불을 어떻게 걸까?

모스크에서 설교하는 호디야가 이렇게 말했다.

"살아있는 동안에 여러분이 죄를 짓는다면, 당신들이 죄를 짓는데 사용한 그 신체 부위 위에는 최후의 심판의 날에 등불이 하나 켜 질 것입니다!"

교활한 벡타시가 질문했다.

"모든 죄에 대해 등불 하나만 켜지는 겁니까? 아니면, 죄 한 가지마다 각각 등불이 하나씩 켜지는 겁니까?"

호디야는 자기 말의 효과를 한층 더 강화하고 싶어서 대꾸했다.

"그야 물론 죄 한 가지마다 등불이 각각 하나씩 켜지는 거지요!"

벡타시가 자신의 일생을 반성해 보더니 중얼거렸다.

"나는 그 많은 등불을 걸어둘 충분한 장소를 그가 발견하기를 바랄 수밖에 없겠군."

철책이 너무 높다

전화국의 기술자들이 흑해 연안의 어느 산골 마을에서 전화선을 연결하고 있었다. 그들은 가파른 산악지대에서 쉬지 않고 일하고 있었는데 마을사람들은 그들을 놀려대기만 했다.

참다못해 기술자들 가운데 하나가 물었다.

"당신들은 왜 우릴 비웃고 있는 거요?"

마을사람 하나가 대꾸했다.

"이봐요, 우리가 어떻게 웃지 않을 수가 있겠어요? 당신들이 치고 있는 철책은 너무 높아서 심지어 암소들마저도 그 아래로 지나갈 수 있지 않느냐 이거요!"

일용할 양식

벡타시가 모스크에서 기도하고 있었다.

"하느님! 술 한 병 값만 제게 주세요!"

옆 사람이 그 말을 듣고 물었다.

"이봐요! 지금 뭐 하시는 거지요?"

벡타시가 대꾸했다.

“난 지금 사람을 창조하고 있어요.”

“당신이 사람을 창조할 수 있단 말이오? 아니, 사람 창조가 그렇게 쉬운 일이라고 생각하세요?”

“나라고 못할 건 없잖아요? 그분께서는 일용할 양식도 주시지 않으면서 사람을 창조하셨잖아요!”

예언자의 안부 인사

테멜이 레스토랑에 들어가 자리를 잡고 앉은 다음에 웨이터에게 물었다.

“이곳 생선은 신선한가요?”

“물론이지요! 오늘 아침에 들어왔거든요!”

그래서 그는 생선을 주문했고 얼마 후 웨이터가 구운 생선을 가지고 왔다. 테멜이 접시 위로 몸을 굽히고는 입술을 움직였다. 영문을 모르는 웨이터가 어리둥절한 표정을 지으면서 테멜에게 무슨 일을 하고 있는지 물었다.

테멜이 대꾸했다.

“난 지금 예언자 예수가 나에게 보내는 안부 인사를 이 물고기들이 가지고 왔는지 물어보고 있는 중이라고요!”

단식 기간을 사랑하다니!

벡타시가 단식 기간인 라마단 달에 친구의 집을 방문했다. 저녁식사가 끝나자 그들은 기도와 단식의 의미에 관하여 토론하기 시작했다. 주인이 벡타시에게 물었다.

"우리가 라마단 달을 맞이한 것을 기쁘게 여기냐?"

"그야 물론! 넌 어때?"

"난 절대적으로, 너무나도 행복해서 내 감정조차 표현할 길이 없다고!"

"허튼 수작 하지 마! 난 네 말을 안 믿어!"

"무슨 소리야 그게?"

"라마단 달을 그렇게도 사랑한다면, 라마단이 끝나자마자 사흘간 축제를 벌이는 이유는 뭐야?"

목숨이 걸려 있는 일이잖아!

호디야는 한밤중에 두 사람이 자기 집 문 앞에서 이야기하는 소리가 들리기에 몰래 엿듣기 시작했다.

두 도둑 가운데 하나가 말했다.

"호디야의 목을 졸라 죽이자! 그러면 우리가 그의 암소를 잡아서 실컷 먹을 수 있어. 그런 다음에는 그의 아내를 데리고 달아나는 거야.”

그 말을 들은 호디야는 비명을 지르기 시작했고 소스라치게 놀란 두 도둑은 달아나버렸다.

그 장면을 바라보고 있던 호디야의 아내가 호디야를 놀려댔다.

“저런! 저런! 얼마나 놀랐냐고요! 당신은 정말 형편없는 겁쟁이군요!”

호디야가 대꾸했다.

“당신이 염려 안 하는 건 좋아. 하지만 암소와 나는 목숨이 걸려 있었다 이거야!”

대신 기도해 주는 것도 귀찮다!

돈이 매우 많은 상인이 호디야에게 금화 다섯 개를 주면서 이러한 요청을 했다.

“매일 다섯 번 내 이름으로 기도해 주세요. 자, 여기 금화 다섯 개가 있으니 받으세요.”

호디야가 금화 두 개를 돌려주면서 말했다.

“난 아침에는 기도하기 위해 허리를 굽힐 수가 없지요. 그

리고 한밤중에 기도하기 위해 잠자리에서 일어날 수도 없구
요. 그러니까 하루에 세 번밖에는 기도할 수가 없다 이거요!"

진짜 이유는?

친구들이 벡타시에게 물었다.
"너는 왜 술에 관한 특별 기도를 한 번도 바치지 않지?"
벡타시가 대답했다.
"그거야 술이 취했을 때는 그 기도를 바치지 말라고 거룩
한 책에 기록되어 있기 때문이야."
"하지만 그건 술주정뱅이들을 위한 기도잖아!"
"하지만 내가 술 취하지 않은 걸 너희는 본 적이 있냐?"

알아맞히기

마을의 소년 하나가 호디야에게 가서 물었다.
"알아맞히기 게임을 잘 하세요?"
"물론이지."

“좋아요. 내 주머니에 뭐가 들어 있지요?”
“힌트를 좀 줘야지!”
“그건 달걀처럼 둥글고 속은 희고 노랗지요. 그리고 달걀처럼 보여요.”
“그건 바나나 한 개야.”

기술의 놀라운 발전

테멜이 에스케세히르에 사는 삼촌을 방문했다. 이스탄불에 돌아가려고 열차를 탔는데 이스탄불 행이 아니라 앙카라 행을 타고 말았다. 그는 자신의 실수를 깨닫지 못한 채 앞자리에 앉은 사내와 잡담을 시작했다.

그가 먼저 물었다.

“이스탄불에 가는 분인가요?”

“아니오. 난 앙카라에 갑니다.”

테멜이 깜짝 놀랐다. 잠시 생각해 보더니 앞자리의 사내에게 이렇게 말했다.

“맙소사! 기술이 이렇게 눈부시게 발전하다니요! 당신은 앙카라를 향해 앉아 있으니까 열차가 당신을 앙카라에 운반해 주는 반면, 나는 이스탄불을 향해 앉아 있으니까 열차가 나를 이스탄불에 운반해준다 이거군요!”

나한테 묻지 마

대형 트럭 운전사 테멜이 프랑스에 갔다. 상당한 기간이 지나 그가 리제에 다시 돌아오자 친구들이 물었다.

"프랑스에서 어떻게 지냈지? 넌 외국어라고는 전혀 못하잖아. 힘들었지?"

테멜이 뒷통수를 긁으며 웃었다. 그리고 이렇게 대꾸했다.

"나도 모르겠어. 너희가 직접 가서 프랑스인들에게 물어봐."

보이지 않아도 믿어라

사람들이 요정들과 악마들의 존재에 관해 논의하고 있었다. 그 가운데 한 사람이 이렇게 말했다.

"내 눈으로 직접 보지 않는 한 난 이러한 존재들이 있다고 믿을 수가 없어요."

벡타시가 그의 말을 막았다.

"우린 당신의 지능마저도 우리 눈으로 직접 볼 수가 없잖아요!"

하인들을 비교하라

벡타시가 이집트에 가서 카이로 거리를 걸어가고 있었다. 그 때 장식이 요란한 모자를 쓰고 화려한 옷을 입은 사내를 발견했다.

그래서 자기 곁에 있던 남자에게 물었다.

"저 사람이 이집트의 최고 종교지도자인가요?"

사내가 대꾸했다.

"아니오. 저 사람은 최고 종교지도자의 하인이지요."

베카시가 두 손을 높이 든 채 소리쳤다.

"오, 하느님! 이집트 최고 종교지도자의 하인인 저 사람을 보십시오! 그리고 당신의 하인인 저를 보십시오!"

뇌물이 너무 적어서 탈이지

호디야가 뇌물을 공공연하게 받는다고 알려진 관리에게 갔다. 하지만 너무나도 가난한 호디야는 커다란 그릇을 모래로 채운 다음 맨 위를 꿀로 덮었다. 호디야는 그 그릇을 관리에게 주었고 그 덕분에 자기가 요청하던 일의 승낙서를 받았다.

다음 날 누군가가 호디야의 집을 찾아와 문을 두드렸다. 문을 열어준 호디야는 뜻밖에도 어제 만난 그 관리의 부하가 서 있는 것을 발견했다.

그 하급관리가 말했다.

"호디야! 나의 상관은 어제 당신에게 준 문서에 잘못된 게 있다고 해요. 그 문서를 돌려 달라 이거요."

호디야가 배를 잡고 웃다가 대꾸했다.

"이봐요, 젊은이! 문서에는 아무런 잘못이 없어요! 뇌물이 너무 적어서 탈이지!"

아내를 정말로 다시 찾고 싶은가?

리제에서 이스탄불에 간 테멜의 아내는 사흘이 지나도 돌아오지 않았다. 너무나도 걱정이 된 나머지 테멜은 결국 경찰서를 찾아가서 수사관에게 물었다.

"아내가 실종되었어요. 당신은 찾아낼 수 있나요?"

"어디서 실종이 되었지요?"

"여기서요."

"그녀의 사진을 가지고 있나요?"

"그럼요, 수사관님!"

그가 지갑에서 사진을 한 장 꺼내서 수사관에게 넘겨 주었다. 수사관이 사진을 열심히 들여다본 다음 테멜의 눈을 자세히 살펴보더니 물었다.

"당신은 이렇게 뻔뻔하고 난폭하게 생긴 여자를 정말로 다시 찾고 싶단 말이오?"

택시 대신에 군함을 불러와!

테멜이 이스탄불에 가서 처음으로 고급 레스토랑에서 저녁식사를 했다. 하지만 너무나도 술에 취해서 똑바로 일어설 수조차 없을 지경이 되었다. 어쨌든 그곳을 떠나고 싶어진 그는 입구를 향해 걸어갔다. 그런데 그의 몸이 결국은 회전유리문 틈에 끼이고 말았다.

그는 고래고래 악을 쓰면서 제복을 입은 경비원을 불렀다.

"당신 눈에는 내가 안 보이는 거요? 왜 빨리 나를 여기서 꺼내주고 택시를 부르지 않는 거요?"

영리하고 재치가 많은 경비원은 이렇게 대꾸했다.

"하지만 난 해군제독인데..."

테멜이 다시 소리쳤다.

"해군제독? 그럼 나를 태워다 줄 군함을 불러와요!"

자리를 바꾸자

흑해 연안의 어느 도시에서 회의가 열렸다. 회의장이 너무나도 넓어서 연사의 말이 뒤쪽에서는 잘 들리지 않았다. 뒤쪽 마지막 줄에 앉아 있던 테멜이 고함쳤다.

"연사님! 좀 더 크게 말해요! 난 여기서 들을 수가 없어요!"

맨 앞줄에 앉아 있던 사내가 뒤를 돌아다보면서 소리쳤다.

"여기서는 아무 문제없이 잘 들려요. 당신이 원한다면 자리를 바꿉시다!"

뇌가 없는 사람

베크리는 유명한 발릭파자리 지역의 어느 술집에서 술을 마시고 있었다. 술주정뱅이 두 명이 곤드레만드레 취한 나머지 아무 이유도 없이 갑자기 싸우기 시작했다. 그래서 베크리가 자리에서 일어났다. 주먹으로 치고 받기 시작한 그들을 뜯어 말리기 위해서였다.

그 가운데 하나가 던진 접시가 베크리의 얼굴에 맞았다. 술집 주인이 그에게 달려가서 물었다.

"어때요? 당신 뇌에 이상이라도 생겼나요?"

베크리가 차분한 어조로 대꾸했다.

"당신은 나에게 뇌가 있었다면 내가 저 두 놈 사이에 끼어들었을 거라고 보나요?"

분업을 약속한 부부

호디야의 집에 불이 나서 친구들이 그 사실을 호디야에게 알리려고 커피하우스에 달려갔다.

자기 집이 불타고 있다는 말을 듣고 나서도 그는 손가락 하나 까딱 하지도 않았다.

다만 그는 이렇게 말했다.

"너희에게 한 가지만 부탁하겠어. 내 마누라가 어디 있는지 알아본 다음에 마누라에게 이 사실을 알려주었으면 좋겠어. 바깥일은 내가 맡고 집안일은 마누라가 맡기로 결정했거든."

까마귀에게 비누가 더 필요한 이유

호디야가 대야를 들고 그의 아내는 빨랫감 뭉치를 안은 채 시냇가로 빨래를 하러 갔다.

그의 아내는 빨랫감 위에 비누 하나를 올려놓은 뒤 대야에 물을 채우기 시작했다. 그 때 까마귀가 날아와 비누를 물고 달아났다. 그의 아내가 남편에게 고함쳤다.

"여보! 빨리 뛰어가요! 저 까마귀가 비누를 훔쳐 갔다고요!"

멍하니 까마귀를 쳐다보던 호디야가 대꾸했다.

"내버려 둬! 저 까마귀의 옷이 우리 옷들보다 더 더러운 게 당신 눈에는 안 보여?"

낙타에게 날개가 있었더라면

호디야가 설교했다.

"하느님께서 낙타를 창조하실 때 낙타에게 날개를 주지 않으신 데 대해 여러분은 감사해야만 합니다. 낙타에게 날개가 있었다면 지금쯤 여러분의 집의 지붕들이 모조리 파괴되었을 테니까요!"

천국과 지옥

나스레딘 호디야가 설교를 하다가 신도들에게 물었다.

"천국에 가고 싶은 사람들은 일어나시오!"

한 사람을 제외하고 모두 일어섰다. 호디야가 다시 물었다.

"자, 이번에는 말입니다. 지옥에 가서 영원히 지내고 싶은 사람들은 일어나시오!"

아무도 일어나지 않았다. 먼저 번에도 일어나지 않았던 그 사내에게 호디야가 물었다.

"당신은 어떻게 된 거요? 천국이나 지옥, 어느 쪽에 가고 싶은 거요?"

그 사내가 호디야를 올려다보면서 대답했다.

"난 여기서 아무 문제가 없다고요!"

짐 자루를 찾아내시오

호디야가 이웃마을에 갔다가 안장에 거는 짐 자루를 잃었다. 화가 치민 그는 마을사람들에게 고함쳤다.

"내 짐 자루를 찾아내요! 아니면, 난 무엇인가 고약한 일을 벌일 거요!"

마을사람들이 사방을 뒤진 끝에 드디어 그의 짐 자루를 찾아내 돌려주면서 물었다.

"만일 우리가 이걸 찾아내지 못했더라면 당신은 무슨 일을 할 작정이었지요?"

호디야가 웃으면서 대답했다.

"아, 아무 것도 아니지요! 난 그저 집에 돌아간 다음, 낡은 천으로 자루를 하나 다시 만들려고 했지요."

유태인을 약 올리는 방법

단식기간인 라마단 달에 벡타시는 수박을 팔고 있는 유태인의 과일가게에 갔다. 썰어놓은 수박을 여러 조각 집어 들고 먹은 다음에 그는 유유히 가게를 나섰다.

유태인 가게 주인이 뒤에서 고함쳤다.

"돈을 내고 가야지요!"

벡타시가 뒤로 돌아서서 반문했다.

"돈이라니요? 이교도들의 물건은 이슬람 신도들에게 무료라고 우리의 거룩한 책에는 기록돼 있다 이거요."

유태인이 날카롭게 쏘아붙였다.

"그런 말은 우리의 거룩한 책에도 기록되어 있어요. 하지만 그건 당신이 상관할 일이 못 돼요. 당신이 정말로 이슬람 신도였더라면 요즈음에 단식을 분명히 했야만 하니까 말이오!"

잠든 얼굴을 보고 싶을 때

면도를 하기 위해 테멜이 욕실에 들어갔다. 그가 욕실 안에 너무 오랫동안 들어가 있기 때문에 그의 아내 파디메는 호기심이 발동되었다. 그가 무슨 일을 하고 있는지 알아보고

싶은 마음이 굴뚝같아서 드디어 문을 열었다. 그는 거울 앞
에서 눈을 감은 채 서 있었다.

그래서 아내가 물었다.

"지금 뭐하고 있는 거예요? 당신, 미쳤어요?"

"미치다니? 천만에! 난 잠든 나의 얼굴이 어떻게 생겼는지
알아보고 싶은 호기심이 발동했어. 그래서 이렇게 거울을 들
여다보고 있는 거라고!"

알기 쉽게 설명하자면

흑해연안 출신의 두 사내가 병원에서 만났다. 그들은 서로
인사를 했다. 말을 더듬는 테멜이 먼저 말을 꺼냈다.

"다...당신은...여기서...지...지금...무슨...요...용무가...있지
요?"

상대방 사내가 대꾸했다.

"의사는 아마 내 전립선 수술을 할 거 같군요."

"저...전립선은...뭐지요?"

"전립선이란 당신이 지금 말하는 그 방식과 똑같이 내 오
줌이 길을 더듬는 것이지요."

모든 것이 잘 돌아가고 있다

벡타시가 이슬람 신학자에게 물었다.

"몸을 씻는 예식을 하지 않고도 기도를 바칠 수가 있나요?"

"그건 절대로 안 되지요!"

"그건 틀린 말이오! 난 몸을 씻지 않고 기도를 바치고는 했지만 모든 것이 너무나도 잘 돌아가고 있다 이거요!"

참된 사랑

테멜이 자기 친구 케멜을 만났을 때 적지 않게 놀랐다. 이유는 그 늙은 친구가 마치 새 신랑처럼 옷을 말쑥하게 차려입고 있었던 것이다.

그래서 테멜이 물었다.

"이봐! 정말 멋지게 차렸군 그래! 어딜 가는 중이지?"

"아, 이거? 우린 3주년을 기념하려고 해. 그래서 마누라와 나는 레스토랑에 가는 중이야."

테멜은 한층 더 놀라서 다시 물었다.

"아니! 넌 결혼한 지가 벌써 30년이잖아!"

케멜이 천연스럽게 대꾸했다.

"그야 그렇지. 하지만 난 겨우 최근 3년 동안만 행복했어.
우린 바로 그걸 기념하려고 하는 거라고!"

사생활에는 간섭하지 마라!

테멜이 유람선을 타고 지중해 여행을 떠났다. 도중에 들른
몰타에서 염소 한 마리를 샀다.
세관에서 염소의 검역 문제가 까다로울 것 같아서 그는 염
소를 자기 객실에 넣어 두었다.
배가 이스탄불로 돌아오자 세관원들이 객실을 조사하기
시작했다. 테멜의 객실에서 염소를 본 그들이 물었다.
"여기 있는 이건 뭐요?"
"아, 그거 말인가요? 그건 사냥개지요."
"우릴 놀리는 거요? 난 뿔 달린 사냥개는 평생 본 적이 없
다고요!"
"난 내 개의 사생활에는 간섭하지 않아요!"

귀찮아 죽을 지경이다

벡타시가 자기 아들에게 불평을 늘어놓았다.

"네 어머니와 이슬람 성직자 때문에 난 정말 귀찮아 죽겠어!"

"무슨 일인데요, 아버지? 그들이 아버지에게 무슨 일을 했는데 그래요?"

"자, 봐라. 내가 집에 돌아오기만 하면 네 어머니는 날 가게에 심부름을 보내지. 내가 밖에 나가기만 하면 성직자는 모스크에 와서 기도하라고 마이크에 대고 큰소리로 나를 부르잖아! 나는 혼자 조용히 지낼 수가 없다 이거야!"

고기를 잔뜩 먹는 꿈

베크리 무스타파는 아침 일찍 출근하고 있을 때 도중에서 오랜 친구와 마주쳤다. 그 친구는 밤새도록 술을 마시고 오는 중이었다. 베크리는 그 친구를 불러 세운 뒤 물었다.

"내 기억이 틀리지 않는다면 넌 해몽을 잘 할 수 있지. 안 그래? 어젯밤에 난 맛있는 고기가 잔뜩 쌓인 큰 접시를 보고 그 고기를 모조리 혼자 먹어버리는 꿈을 꾸었지. 그런데 이건 무슨 뜻이지?”

영리한 그 친구가 대꾸했다.

“은화 몇 개만 준다면 난 그 꿈을 해몽해 줄 수 있겠어.”

베크리가 폭소를 터뜨렸다.

“너 참 잘 한다, 잘 해! 내가 그렇게 많은 돈이 있었다면 고기를 먹는 꿈이나 꾸고 있었겠어?”

강요된 기도

모스크의 성직자는 어느 아랍인이 기도하는 방법을 몰라서 허리를 굽히고 펴는 동작이 틀리다는 사실을 발견했다. 몽둥이를 들고 아랍인에게 다가간 그는 아랍인이 제대로 기도를 하도록 만들었다.

기도가 끝난 뒤 그가 아랍인에게 물었다.

“지금 한 기도와 아까 당신이 한 기도 가운데 어느 것이 더 경건한 기도요?”

“아까 내가 바친 기도가 더 경건하지요.”

“이유는 뭐요?”

“아까 내가 바친 기도는 하느님이 두려워서 바친 것이지만 이번에 한 기도는 당신이 무서워서 바친 거니까요.”

기적을 일으키는 터번

호디야의 이웃사람이 그에게 편지를 가져가서 읽어달라고 요청했다. 호디야는 그 편지를 잠시 훑어본 다음 이웃사람에게 돌려주면서 말했다.

"난 이걸 읽을 수 없어요. 페르시아어로 된 편지거든요."

이웃사람이 놀라서 소리쳤다.

"사람들은 당신을 호디야라고 불러요. 당신은 터번을 쓰고 있지요. 그런데도 편지를 읽지 못하다니요! 당신은 적어도 터번에 대해서라도 부끄러운 줄 알아야만 해요!"

호디야가 자기 터번을 벗어서 이웃사람에게 내밀며 소리쳤다.

"터번이 기적을 일으킨다고 믿는다면, 좋아요, 여기 내 터번을 당신에게 빌려주겠어요! 당신이 터번을 쓰고 이 편지를 읽어보라 이거요!"

하느님의 분배 방식

여러 아이들이 얼마 안 되는 호두를 골고루 나누어 가질 수가 없어서 호디야에게 도움을 청했다.

호디야가 그들에게 물었다.

"너희는 하느님의 분배방식이 좋으냐? 아니면, 사람의 분배방식이 좋으냐?"

아이들은 하늘나라의 분배방식이 더 공정할 것이라고 생각해서 대답했다.

"우린 하느님의 분배방식을 원해요."

호디야는 한 아이에게 호두 한 줌을 주고 다른 아이에게는 두 개를 주었지만 나머지 아이들에게는 하나도 주지 않았다. 아이들이 그에게 항의했다.

"호디야! 이게 무슨 하느님의 분배방식이에요?"

호디야가 대꾸했다.

"아직도 모르겠니? 이 마을의 읍장은 엄청나게 많은 양들을 가지고 있지. 마을 원로는 암소가 50마리지. 백정은 암소가 20마리밖에 안 돼. 이발사는 양이 세 마리야. 가난한 농부는 아무 것도 가진 것이 없고 말이야. 그리고 나는 당나귀 한 마리밖에 없잖아!"

성직자가 뭐 이래?

벡타시는 이슬람 성직자의 보좌역할을 맡고는 했다. 그런데 그의 아들이 가벼운 위법행위 때문에 감옥에 갇혔다. 그는 성직자를 찾아가서 자기 아들에 대한 처벌이 가벼운 것이 되도록 중재를 부탁했다.

그러나 그 성직자는 이렇게 거절했다.

"난 속세의 문제에는 절대로 관여하지 않는 성직자요."

벡타시가 다시 요청했다.

"그렇다면 내 아들의 행복을 위해 기도해 줄 수는 있겠지요?"

"나는 남의 정신적 문제에도 관여할 수가 없다고요!"

그러자 벡타시는 화가 치밀어 그를 꾸짖었다.

"도대체 당신은 무슨 종류의 인간이오? 다른 사람들을 돕는 일을 그렇게도 겁내다니! 난 당신을 위해 개처럼 일하는 짓을 더 이상 하지 않겠소!"

그를 먼저 교수형에...

인칠리 샤브슈는 허영심이 강한 지방장관들의 태도를 가끔 흉내 내고는 했다. 그런데 술탄은 그의 그러한 재주를 재미있게 구경하고는 했다. 자방장관들 가운데 하나가 이에 관해 이야기를 듣고는 격분했다. 왜냐하면 그는 정치적 야심이 남들보다 더 강했기 때문이다.

어느 날 그는 인칠리를 불러 위협하기 시작했다.

"당신이 전하 앞에서 내 흉내를 내고 나의 위신을 떨어뜨린다고 하는 말을 들었는데 말이오. 난 당신을 아예 죽여 버려서 다시는 그런 짓을 못하게 할 거요."

겁을 잔뜩 집어먹은 인칠리는 곧장 술탄에게 달려가서 자초지종을 보고한 다음 자기를 보호해 달라고 요청했다.

그러자 술탄이 이렇게 대꾸했다.

"그가 당신을 죽인다면 나는 그를 교수형에 처할 거요."

인칠리가 술탄의 말을 막았다.

"폐하! 그가 나를 죽이기 전에 폐하께서 먼저 그를 교수형에 처하시는 편이 더 낫지 않을까요?"

담배가 타는 거요!

사람들이 벡타시에게 물었다.

"담배를 피우는 것은 종교적으로 용납이 되나요? 안 되나요?"

벡타시는 이렇게 대답했다.

"용납된다면 나는 담배를 피우지요. 용납되지 않는다면 담배가 타는 거요!"

밤늦게 귀가하는 이유는?

술주정뱅이 둘이 밤늦게 귀가하고 있었다. 한 명이 물었다.

"이렇게 늦게 집에 가면 당신 마누라는 어떤 반응을 보이나요?"

"이봐요. 난 결혼하지 않았어요."

"그렇다면 도대체 무슨 이유로 이렇게 늦게 귀가하는 거요?"

저승사자를 유혹하라

테멜은 자기가 너무 늙어서 죽어가고 있다는 것을 깨달았다. 숨도 제대로 쉴 수 없게 되자 늙은 아내를 곁에 불러서 말했다.

"파디메, 웨딩드레스를 입고 화장을 좀 더 진하게 한 다음에 내 침대 곁에 다시 와요!"

아내는 테멜이 지시한 대로 화장을 하고 웨딩드레스를 입은 채 그의 침실에 들어섰다.

그러고는 물었다.

"테멜, 내 모습이 어때요? 마음에 들어요?"

"정말 멋지군 그래! 이제 저승사자가 도착하면 그는 아마도 나는 그대로 내버려 둔 채 당신을 데리고 갈 거요."

바다에 묻히기를 원한 사나이

고향에 돌아간 이드리스가 커피하우스에 들어갔다. 그러고는 친구들에게 물었다.

"테멜이 죽은 이유는 뭐지?"

"심장마비야."

“유언은 있었나?”

“그야 물론이지. 그는 바다에 묻히기를 원했어.”

“그럼 너흰 그의 소원대로 했나?”

“그야 물론이지. 우린 그의 무덤을 파느라고 얼마나 많은 희생자를 냈는데!”

중력의 법칙

교실에서 선생이 여학생들에게 말했다.

“우리가 지구 표면에서 똑바로 서 있을 수 있는 이유를 알아요? 그건 중력의 법칙 때문이지요.”

한 여학생이 손을 들고 말했다.

“그렇다면, 선생님! 이 법칙이 생기기 전에는 우리가 어떻게 똑바로 서 있었나요?”

친구가 여우로 보일 때

테멜과 케멜이 사냥을 나갔다. 얼마 후 테멜은 자기 친구가 어디에 있는지 모르게 되었다. 그래서 있는 힘을 다해 목청껏 소리쳐 불렀다.

"어이! 케멜! 너 어디 있어?"

"나, 여기 있어."

"다치지는 않았어?"

"난 무사해."

"좋아. 그렇다면 난 여우를 쏘았군 그래."

운전기사도 없이 달리는 버스

테멜과 케멜이 베를린에 막 도착했다. 그들은 이층 버스를 타고 출발했다. 이층에 올라갔던 테멜이 얼마 후 얼굴이 새하얗게 질린 채 돌아와서 케멜에게 말했다.

"어이, 케멜! 이 버스 이층에는 운전기사가 없어! 이층은 저절로 달리고 있다 이거야!"

상대방이 원하는 대로 하라

커피하우스에서 친구들에게 둘러싸인 테멜이 어느 사건에 관해 설명했다.

"그런데 그 친구가 '당신은 참으로 동감하는군요!' 라고 내게 말했어."

친구들이 물었다.

"그게 무슨 뜻인데?"

"난 그의 말에 따르려고 했어. 어쨌든 난 그를 총으로 쏘아 죽여 버렸지 뭐야!"

결혼상대로 가장 이상적인 여자는?

어느 청년이 결혼을 하려고 하면서 벡타시의 도움을 요청했다. 평화로운 결혼생활을 하려면 어떤 종류의 여자와 결혼하는 것이 좋을지 물었던 것이다.

벡타시는 잠시 깊은 생각에 잠겼다가 이윽고 대답했다.

"이봐요, 젊은이! 당신이 미녀와 결혼한다면 질투가 당신을 잡아먹고 말 거요. 못 생긴 여자와 결혼한다면 당신은 지루해서 죽을거요. 돈 많은 여자와 결혼한다면 그녀가 당신을 마음대로 조종할 테고, 가난한 여자와 결혼한다면 그녀는 결코 만족하지 않을 것이오. 그러니까 이런 종류의 여자들을 제외한 다른 여자와 결혼하시오!"

축구만 잘 알면 뭐해?

어느 소년이 아버지를 따라서 축구시합을 보러 갔다. 엄청나게 많이 모인 사람들 틈을 비집고 들어간 그들이 자리를 잡았다. 소년은 키가 작아서 선수들을 볼 수가 없었다. 그래서 아버지가 그를 자기 어깨 위에 올려놓았다.

소년은 때때로 페널티, 코너 킥, 파울 등의 용어를 소리쳤고 골인이 되었을 때에는 몸을 뒤틀었다. 두 번째 골인 뒤에 아버지가 소년을 내려놓은 다음 소년의 엉덩이를 서너 번 때렸다.

그러자 옆에 앉은 사내가 물었다.

"이봐요! 애를 왜 때리는 거요? 그 애는 축구에 관해 아주 잘 알잖아요!"

아버지가 대꾸했다.

"그야 물론 축구를 잘 아는 애지요. 하지만 이 애는 '화장실에 가고 싶다.' 는 말은 모른다 이거요!"

당신이 바라는 그대로 그는 했다

테멜이 친구들과 도박을 하고 있었다. 엄청난 돈을 잃은 그는 심장마비에 걸려 그 자리에서 죽었다. 친구들은 너무나 큰 충격을 받아 어쩔 줄을 몰랐다.

어쨌든 그들은 케멜을 테멜의 집에 보내 테멜의 아내 파디메에게 사실을 알리도록 했다.

케멜이 달려갔다. 파디메가 문을 열어주었을 때 케멜은 숨을 헐떡거렸다. 그를 본 파디메가 깜짝 놀라 물었다.

"케멜! 왜 이렇게 달려오는 거요? 어디서 오는 길이지요?"

"아, 저기 커피하우스에서 오는 길이지요."

"테멜은 거기 있나요?"

"그럼요."

"또 도박을 하나요?"

"또 도박을 하지요."

"또 잃고 있지요?"

"또 잃고 있지요."

"많이 잃었나요?"

"그래요. 엄청나게 많이 잃었지요."

"난 그가 죽어버리기를 바란다고요!"

케멜이 한숨을 내쉬면서 대꾸했다.

"당신이 바라는 그대로 그는 죽었다고요!"

천국의 불

어느 날 인칠리 샤브슈가 긴 담뱃대 끝에 불을 붙이고 있었다. 곁에 앉아 있던 호디야가 그를 놀려주고 싶은 생각이 들었다. 그래서 이렇게 말했다.
"이봐요! 천국에는 불이 없지요. 당신은 천국에 가면 어떻게 담뱃불을 붙일 거요?"
인칠리는 웃으면서 대꾸했다.
"염려 말아요! 당신이 양고기를 굽기 위해 불을 피우면 난 그 불을 이용할 수가 있을 거요!"

돼지가 60년 동안 자란다면

어떤 사람이 호디야에게 물었다.
"호디야, 당신은 무슨 띠요?"
"나요? 코끼리 띠지요."

“아니! 코끼리 띠가 어디 있어요?”

“내가 태어났을 때 사람들은 내가 돼지띠라고 우리 어머니
에게 말했지요. 그런데 지금 내 나이가 환갑이니까 돼지가
그 동안 코끼리만큼은 자라지 않았겠어요?”

질문에는 질문으로 대답하라

이웃사람이 호디야에게 물었다.

“당신은 왜 남의 질문에 대해서 언제나 다른 질문을 던지
지요?”

호디야가 대꾸했다.

“내가 그랬던가요?”

평생 동안 맞은 적이 없는 사람인가?

단식기간인 라마단 달에 벡타시가 술을 마시다가 현장에
서 잡혔다. 그래서 그는 창기병 근위대 사령관 앞에 끌려갔
다. 사령관은 우선 그를 몹시 꾸짖었다.

"무모한 놈 같으니! 하느님을 두려워하지 않다니!"

이어서 그는 명령을 내렸다.

"이놈을 끌고 가서 몽둥이로 500번 패라!"

벡타시가 두 눈을 크게 뜬 채 소리쳤다.

"죄송합니다만, 당신은 평생 동안 한 번도 몽둥이에 맞은 적이 없거나 매를 셀 줄도 모르시는군요!"

남의 일

파디메의 친구가 그녀에게 물었다.

"네가 딴 남자의 애를 뱄다는 말을 들은 네 남편은 뭐라고 말했지?"

파디메가 태연하게 대답했다.

"아무 말도 하지 않았어. 그는 남의 일에는 절대로 간섭하지 않거든."

공정한 분배

사람들이 베크리 무스타파에게 물었다.
"당신은 수학을 잘 하나요?"
그가 즉석에서 대답했다.
"물론이지요! 무슨 문제요?"
"그렇다면 좋아요. 4그램의 황금을 세 명에게 나누어주세요."
베크리가 뒤통수를 긁으며 생각에 잠겼다가 이윽고 입을 열었다.
"두 명에게 각각 2그램씩 주고 나머지 한 명은 빈손으로 돌아가면 되지요."

이기주의

어느 날 호디야가 마을 광장에서 소리쳤다.
"모두 모이세요. 지혜의 말을 여러분에게 전할 게 있어요!"
사람들이 모여든 뒤 소리쳤다.
"말해 보세요."
호디야가 물었다.

"여러분은 일하지 않고도 부자가 되고 싶은가요? 아무 노력 없이도 번영을 누리고 싶은가요? 난관을 거치지 않고도 출세하고 싶은가요?"

모든 사람이 이구동성으로 대답했다.

"그야 물론이지요!"

그러자 호디야가 대꾸했다.

"나 역시 마찬가지라고요!"

곰 사냥

어느 날 왕이 호디야에게 곰 사냥을 같이 가자고 말했다. 그는 겁에 질렸지만 별수 없이 따라가지 않을 수가 없었다. 사냥에서 돌아온 그에게 마을사람들이 물었다.

"사냥은 어땠어요?"

"멋진 사냥이었어요."

"당신은 몇 마리나 죽였나요?"

"한 마리도 없어요."

"몇 마리나 추격했지요?"

"한 마리도 없어요."

"몇 마리나 보았지요?"

“한 마리도 없어요.”
“그런데 어떻게 멋진 사냥이었다고 말하지요?”
“곰 사냥에서는 한 마리도 없는 게 제일 좋은거요!”

양배추보다도 못한 사내

커피하우스에 모인 사람들은 누구나 압둘이라는 사내를
비난했다. 그들은 그가 아무 짝에도 쓸모가 없는 건달이라고
욕했다. 마을의 주요인물 가운데 하나가 일어서서 소리쳤다.
“그놈은 양배추다 이거요!”
나스레딘 호디야를 제외한 모든 사람이 맞장구를 쳤다.
호디야는 이렇게 말했다.
“그건 그렇지가 않아요. 양배추는 사람이 요리해서 먹을
수 있어서 몸에 유익하지요. 하지만 압둘이라는 사내는 어디
에 쓰지요?”

마누라에게 정신이 있었던가?

호디야의 친구들이 커피하우스에 뛰어들면서 소리쳤다.

"호디야! 빨리 와 봐! 너의 아내가 정신이 나갔어! 그녀는 너의 집에서 고함치면서 물건을 모조리 부수고 있어!"

호디야는 태연하게 홍차를 계속해서 마시면서 대꾸했다.

"난 내 마누라가 정신을 가지고 있는지 여태껏 전혀 몰랐어. 그런데 마누라가 어떻게 정신이 나갈 수가 있었지?"

누구 말을 믿는 거야?

어느 날 호디야의 친구가 그를 찾아가서 말했다.

"호디야! 네 당나귀를 좀 빌려주면 좋겠어."

"미안해. 난 벌써 딴 사람에게 빌려주었거든."

바로 그 순간, 당나귀가 울었다. 친구가 항의조로 말했다.

"당나귀 울음소리를 난 들었어. 그건 마굿간에 있잖아!"

친구가 보는 앞에서 문을 닫은 호디야가 엄숙하게 대꾸했다.

"내 말보다 당나귀의 말을 믿는 사람에게는 당나귀를 절대로 빌려줄 수 없어!"

전투장면

서너 명의 군인이 최근에 거둔 승리와 지기들의 무용담을 커피하우스에서 늘어놓고 있었다. 그래서 마을사람들이 모여들어 열심히 귀를 기울였다.

"난 양날의 장검을 빼어든 채 적진에 돌격하여 놈들을 이리저리 몰아붙였고 그래서 승리는 우리 것이 되었지요!"

마을사람들이 우레같은 박수를 보냈다. 그러자 평생 동안 한두 번 전투에 참가했을 뿐인 호디야가 한 마디 던졌다.

"그 말을 들으니 나도 생각이 나는군요. 언젠가 전투에서 나는 적의 다리 하나를 잘랐지요. 완전히 잘랐다 이거요!"

군인들 가운데 한 장교가 말을 막았다.

"다리가 아니라 놈의 목을 베었더라면 더 좋았을 텐데요!"

호디야가 쏘아붙였다.

"그야 물론이지요! 나도 놈의 목을 베려고 했지만 다른 사람이 이미 그걸 베어갔거든요!"

폭리나 취하는 모리배

어느 날 시장에서 호디야가 많은 달걀을 사고는 즉시 돌아
서서 자기가 사들인 값보다 헐한 가격으로 그것을 팔기 시작
했다.

누군가가 이유를 묻자 그는 이렇게 대답했다.

"난 폭리나 취하는 모리배라는 평판은 얻고 싶지 않다고
요!"

당신 말도 옳아요

호디야가 판사 노릇을 한 적이 있었다. 그 때 어떤 사람이
와서 다른 사람에 관해 불평을 늘어놓았다.

이야기를 다 듣고 난 그는 말했다.

"그래요. 당신이 옳아요."

불평의 대상이 되었던 다른 사람이 이어서 그에게 찾아와
자기주장을 했다.

호디야는 그에게 이렇게 말했다.

"그래요. 당신도 옳아요."

옆에서 지켜보던 그의 아내가 항의했다.

“서로 대립하는 두 사람이 어떻게 옳을 수가 있어요?”
호디야는 아내에게 대꾸했다.
“그래요. 당신 말도 옳아요.”

네 충고는 필요가 없어

어느 날 호디야가 돈이 많은 친구를 찾아가서 말했다.
“나에게 돈을 좀 주면 좋겠어.”
“뭐 하려고?”
“그거야...난 코끼리를 한 마리 사려고 해.”
“돈도 없다면서 코끼리는 어떻게 유지할 수가 있지?”
호디야가 친구의 말을 막으며 대꾸했다.
“난 돈을 얻으러 왔지 네 충고를 들으려고 온 게 아니야!”

도둑이 된 당나귀

집으로 돌아가던 도중에 숲을 통과하게 된 호디야는 산책
을 하고 싶은 생각이 들었다. 그래서 당나귀를 나무에 매고,

자기 비싼 옷이 덤불에 걸려 찢어질까 염려하여 옷을 벗어서 안장 위에 놓아두었다.

그리고 산책을 하러 멀리 걸어갔는데, 그 사이에 도둑이 와서 그의 옷을 가져가 버렸다.

산책에서 돌아온 그는 옷이 없어진 것을 알고 당나귀 등의 안장을 풀어 자기 등에 지고는 당나귀에게 말했다.

"야, 이 도둑놈아! 네가 내 옷을 내어놓지 않으면 난 이 안장을 네게 돌려주지 않을 거야!"

여자들의 싸움

이웃사람이 호디야에게 달려가서 소리쳤다.

"호디야! 빨리 와서 도와줘요! 내 마누라가 자기 시누이와 싸우고 있다고요!"

호디야가 물었다.

"뭘 가지고 싸우지요? 나이? 용모? 아니면…"

"그런 게 아니고 다른 이유 때문에 싸워요."

호디야가 자신만만하게 대꾸했다.

"그렇다면 염려 말고 그냥 돌아가세요. 그 싸움은 곧 끝날 테니까요."

등불을 들고 다니는 이유

어느 날 커피하우스에서 호디야가 큰소리를 쳤다.
"난 캄캄한 데에서도 잘 볼 수 있다 이거야."
친구들이 비웃었다.
"그렇다면 넌 왜 밤에 등불을 들고 다니지?"
"그거야...다른 사람들이 나와 부딪치는 걸 방지하기 위한
거지 뭐!"

유식한 수도자

호디야가 친구들과 함께 커피하우스에서 대화를 나누고
있을 때 유식한 수도자가 안으로 들어서더니 엄숙하게 선언
했다.
"어떠한 질문에 대해서도 난 대답할 수 있지요."
호디야가 대꾸했다.
"그래요? 하지만 난 유식한 부자가 던진 어떤 질문에는 대
답할 수가 없었다고요."
"그 자리에 내가 있었더라면 난 틀림없이 대답을 했을 거
요. 자, 무슨 질문이었는지 말해 보세요."

호디야가 마지못해 입을 다시 열었다.

"정 그렇다면 좋아요. 그 질문이란... 당신은 어젯밤에 왜 창문을 통해서 우리 집에 기어 들어왔지요?"

기도시간을 알리는 소리

모스크의 첨탑에서 기도시간을 알리는 소리가 들리기 시작하자 호디야는 모스크로부터 다른 곳으로 달려가고 있었다. 누군가가 그에게 소리쳤다.

"호디야! 어디로 가는 거예요?"

호디야가 계속해서 달려가면서 고함쳤다.

"저 소리는 내가 지금까지 들어본 소리 가운데 가장 크고 잘 들리는 소리라고요. 그래서 난 모스크로부터 최대한 멀리까지 달려가서 저 소리가 얼마나 멀리 들리는지 확인하려는 거요!"

지혜를 얻는 방법

누군가가 호디야에게 물었다.
"지혜를 얻는 방법은 뭐지요?"
호디야는 이렇게 대답했다.
"현명하고 유식한 사람들의 말을 항상 귀담아 잘 들으세
요. 그리고 당신이 남에게 말을 할 때는 당신이 하는 말에 열
심히 귀를 기울이세요."

당나귀에서 내리려던 참인데

호디야가 당나귀를 타고 최고 속도를 내며 달리다가 떨어
졌다. 어린아이들이 모두 몰려들어서 조롱했다.
"호디야! 호디야! 어쩌다가 당나귀에서 떨어졌지요?"
난처한 지경에서 벗어나기 위해 그는 이렇게 대꾸했다.
"뭘 보고 웃는 거냐? 난 당나귀에서 내리려고 하던 참이었
다고!"

사업문제도 기도로 해결한다?

호디야가 대도시에서 사업을 하다가 해결하기 어려운 문제에 부딪쳤다. 한 친구가 그에게 모스크에 가서 40일 동안 기도하라고 충고했다. 그는 화려하고 큰 모스크에 가서 기도했다.

그러나 문제는 해결되지 않았다. 이어서 그는 검소하고 작은 모스크에 가서 기도했다. 그랬더니 문제가 해결되었다.

그는 큰 모스크에 다시 가서 소리쳤다.

"화려하고 크지만 실속 없는 모스크여, 부끄러운 줄이나 알아라! 네 옆의 작고 초라한 모스크가 해결해 주는 문제를 너는 해결해 주지 못하는구나!"

두 번은 속지 않는다

어느 날 호디야의 친구가 그에게 찾아가서 돈을 빌려달라고 했다. 다음 주에 갚겠다는 것이었다. 호디야는 그의 말을 믿지 않았지만 돈을 빌려주었다. 그런데 그 친구가 약속한 대로 돈을 갚자 호디야는 크게 놀랐다.

몇 달이 지났을 때 그 친구가 다시 호디야를 찾아와서 돈을 빌려 달라고 하면서 말했다.

"난 약속을 반드시 지켜. 지난번에도 즉시 갚았잖아."

호디야는 고개를 가로 저었다.

"이번에는 빌려주지 않겠어. 넌 지난번에도 날 속였어. 나는 네가 돈을 갚지 않을 것이라고 생각했는데 너는 갚았거든. 이번에 내가 네 말을 믿으면 너는 반대로 행동하겠지. 그러니까 난 네게 두 번씩이나 속지는 않겠다 이거야!"

천우신조란?

호디야의 부자 친구가 그를 사냥에 초대했다. 부자는 그에게 느린 말을 주어 사냥이 시작되자 그는 맨 뒤에 처지게 되었다. 그런데 갑자기 심한 폭우가 쏟아졌다. 사방을 둘러보아도 피할 곳이 없었다. 사냥에 참가했던 사람들은 모두 물에 빠진 생쥐 꼴이 되어 부자의 집으로 돌아갔다.

그러나 호디야는 비가 오기 시작하자마자 옷을 모조리 벗어 접은 다음, 그 옷을 깔고 앉아 있었다. 그래서 옷이 하나도 젖지 않았다. 제일 느린 말을 탄 그가 어떻게 비에 젖지 않고 돌아올 수 있었는지는 아무도 몰랐다.

호디야는 부자 친구에게 이렇게 말했다.

“네가 준 말 덕분이지!”

다음 날 부자 친구는 빨리 달리는 말을 호디야에게 주었다. 그는 일행보다 제일 빨리 달려서 앞으로 나아갔다. 역시 갑자기 심한 폭우가 쏟아졌다. 호디야는 전날 했던 대로 해서 옷이 비에 전혀 젖지 않은 채 친구 집에 도착했다.

옷이 흠뻑 젖은 채 돌아온 부자 친구가 그에게 불평했다.

“어제 넌 이 말 덕분에 비에 젖지 않았다고 했잖아!”

호디야가 태연하게 대꾸했다.

“옷이 비에 젖지 않게 하려면 네가 할 수 있는 모든 일을 해야만 돼. 하늘은 스스로 돕는 자를 돕는 법이거든!”

어리석은 경찰

호디야가 당나귀를 잃었다. 그가 경찰서에 가서 신고하자 서장이 말했다.

“이건 심각한 일이군요. 우린 최선을 다해 당신 당나귀를 찾아보겠어요. 그런데 어떻게 이런 일이 일어났는지 처음부터 말해 보세요.”

호디야가 대꾸했다.

“도둑이 훔쳐갈 때 나는 현장에 없었지요. 그런데 처음부터 어떻게 된 일인지 내가 어떻게 알 수 있단 말인가요?”

아무 소용도 없는 설교

금요일에 호디야가 모스크에서 설교하려고 설교대에 올라가 물었다.

"내가 오늘 무슨 설교를 할는지 여러분은 아나요?"

"우리는 전혀 모르겠습니다."

"내가 무슨 말을 할지 전혀 모르는 당신들에게 내가 설교는 해서 무슨 소용이 있겠어요?"

그는 그대로 설교대에서 내려가 집으로 돌아가 버렸다.

다음 금요일에 그가 다시 물었다.

"내가 오늘 무슨 설교를 할지 여러분은 아나요?"

"압니다."

"여러분이 이미 안다면 내가 설교는 해서 무슨 소용이 있겠어요?"

그는 그대로 설교대에서 내려가 집으로 돌아가 버렸다.

다음 금요일에 그가 다시 물었다.

"내가 오늘 무슨 설교를 할지 여러분은 아나요?"

"우리 가운데 일부는 알고 일부는 모르지요."

"그렇다면 아는 사람들이 모르는 사람들에게 말해주세요."

그는 그대로 집에 돌아가 버렸다.

음식 냄새의 값은 어떻게 지불하는가?

가난하고 굶주린 사람이 빵 한쪽만 손에 든 채 길을 가다가 레스토랑 앞을 지나가게 되었다. 마침 프라이팬에서 고깃덩이들이 튀겨지고 있었다. 그는 빵을 잠시 고깃덩이 위에 들고 있어서 냄새가 거기 배게 만들었다. 그리고 잠시 후 그 빵을 먹었다. 한층 맛이 났다.

레스토랑 주인이 그 광경을 보고는 그를 붙잡아서 판사에게 끌고 갔다. 고가 값을 받아낼 작정이었던 것이다.

판사 역할을 하던 호디야는 이야기를 다 듣고 난 다음에 주머니에서 은화 두 개를 꺼내더니 레스토랑 주인에게 말했다.

"자, 내 곁에 와서 잠시 서 있으라고요."

주인이 그의 곁에 오자 그는 손에 쥔 은화를 주인의 귀에 가까이 댄 채 흔들어서 소리를 냈다.

주인이 물었다.

"이건 무슨 뜻이지요?"

호디야가 대꾸했다.

"난 지금 고기 값을 당신에게 지불했어요. 음식의 냄새 값으로는 돈 소리보다 더 좋은 게 어디 있겠어요?"

일조권 시비

이웃사람이 호디야에게 가서 불평했다. 자기 집에 햇빛이 들지 않는다는 것이다.

그래서 호디야가 물었다.

"당신 정원에는 햇빛이 드나요?"

"그럼요."

"그렇다면 당신 집을 당신 정원으로 옮기라고요!"

똑같은 공기

호디야가 옆 마을로 갔다. 광장 한가운데 의자 위에 올라선 그가 소리쳤다.

"이곳의 공기는 우리 마을의 공기와 똑같아요!"

어떤 사람이 물었다.

"그걸 어떻게 당신이 알지요?"

"우리 마을에서 본 별들의 숫자와 여기서 본 별들의 숫자가 똑같거든요!"

얼마나 수다를 떨었기에!

한 사람이 동료에게 물었다.

"그 여자 말이야. 혀가 길어서 매우 수다스럽다며?"

질문을 받은 동료가 대답했다.

"수다스러운 정도가 아냐! 그 여자 가족이 지난 여름 바닷가에 갔는데 그 여자는 혓바닥마저 햇볕에 그을려서 혀에 붕대를 감고 돌아왔어!"

경험이 없는 나이팅게일

　과일이 먹고 싶어진 호디야가 남의 정원에 숨어 들어가 나무에 올라갔다. 그리고 손에 잡히는 대로 열매를 따서 먹기 시작했는데 주인이 나타나서 화난 목소리로 물었다.

　"그 위에서 뭐하고 있는 거요?"

　곤경을 벗어나기 위해 호디야는 부드러운 어조로 이렇게 대답했다.

　"이봐요! 난 나이팅게일인데 여기서 지금 노래를 하고 있다고요."

　그 말이 재미있다고 여긴 주인이 크게 웃으면서 다시 말했다.

　"당신이 나이팅게일이라고? 그렇다면 노래를 불러 봐요!"

　호디야가 얼굴을 찡그리고 이상한 소리를 냈다. 정원 주인은 배를 잡고 웃었다.

　"이봐요, 무슨 노래가 그래? 나이팅게일이 그런 노래를 부르는 건 난 들어 본 적도 없다고요!"

　호디야가 대꾸했다.

　"이건 경험이 없는 나이팅게일이 부르는 노래라고요!"

필연과 우연

농부는 자기 올리브나무들이 그 해에 열매를 맺을지 여부를 호디야에게 물었다.

호디야는 대답했다.

"그야 물론 열매를 맺을 거요."

"틀림없나요?"

"그럼요. 틀림없어요."

얼마 후 호디야가 당나귀를 끌고 바닷가에 나가 땔감을 구했지만 전혀 발견하지 못하고 빈손으로 돌아갔다. 도중에 아까 본 그 농부와 마주치자 농부가 물었다.

"호디야! 당신은 매우 지혜로운 사람이지요. 나의 올리브나무들이 열매를 맺을지는 알면서도 바닷가에 장작이 있을지 없을지는 몰랐단 말인가요?"

호디야가 대꾸했다.

"난 필연적으로 일어나지 않으면 안 되는 일은 알아요. 그렇지만 이럴 수도 있고 저럴 수도 있는 우연한 일에 관해서는 내가 어떻게 알겠어요?"

입김만 불어서 될 일이 아니다

가난한 농부의 염소가 옴에 걸렸다. 당시에는 환부에 타르를 칠해서 옴을 고치는 것이 관례였다.

염소의 주인은 매우 경건하고 단순한 사람이었기 때문에 호디야를 찾아가서 말했다.

"당신은 경건한 분이니까 나를 위해 이 염소에게 입김을 불어주세요. 그러면 이 염소의 병이 나을 겁니다."

호디야가 이렇게 대답했다.

"당신이 원하는 대로 입김은 불어 주겠어요. 하지만 내가 당신이라면 타르도 칠해주었을 거요."

나는 식물의 하인은 아니다

호디야는 지혜롭고 유머에 찬 말 때문에 왕의 친구가 되었다. 어느 날 몹시 배가 고파진 왕이 가지나물을 먹고는 세상에서 제일 맛있는 것이라고 요리사를 칭찬했다. 그리고 날마다 가지나물을 식탁에 올리라고 명령했다. 이어서 호디야에게 이렇게 말했다.

"나는 세상에서 제일 좋은 식물은 가지라고 보는데, 안 그렇소?"

호디야가 대답했다.

"그야 그렇지요, 폐하!"

열흘 동안 연달아 가지나물을 먹던 왕이 소리쳤다.

"이 음식을 치워라! 맛이 하나도 없다!"

호디야가 옆에서 맞장구를 쳤다.

"그렇습니다, 폐하! 가지는 세상에서 제일 나쁜 식물입니
다!"

왕이 놀라서 물었다.

"아니, 며칠 전에 당신은 이 가지가 세상에서 제일 좋다고
하지 않았소!"

"그야 그렇지요. 하지만 저는 폐하의 하인이지 식물의 하
인은 아니거든요."

기쁜 소식

기쁜 소식을 전해주는 사람에게는 그 소식을 들은 사람들
이 보상금을 주는 풍습이 있었다. 이 중요한 풍습은 고스란
히 지켜져 내려왔다.

어느 날 돈이 궁해진 호디야가 마을 광장에 나가서 큰소리

로 외쳤다.

"기쁜 소식입니다! 모두 모이세요! 여러분에게 들려줄 기쁜 소식이 있어요!"

많은 사람이 모일 때까지 기다렸다가 그가 말했다.

"자, 모금을 시작하세요. 여러분에게 알릴 기쁜 소식은 나에게 아들이 태어났다는 겁니다!"

우리 애는 천재다

호디야의 어린 아들이 말했다.

"아빠, 난 아빠가 태어난 그 날을 알아요."

호디야가 아내를 쳐다보면서 말했다.

"우리 애는 천재요!"

미리부터 걱정할 필요는 없다

어느 날 호디야는 자기 당나귀를 발견할 수가 없었다. 그래서 친구들이 그를 도와서 사방으로 당나귀를 찾으러 다녔다.

한 사람이 그에게 물었다.

"호디야! 당신은 조금도 걱정을 하지 않는 표정이군요. 당신은 당나귀를 잃었고 다시는 찾지 못할지도 모르잖아요!"

호디야가 지혜롭게 대꾸했다.

"저기 멀리 있는 산이 보이나요? 아직은 아무도 저길 찾아보지 않았지요. 저기서도 발견되지 않는다면 난 그때부터 걱정하기 시작할 거요."

한 수 모자라는 방앗간 주인

호디야가 방앗간에 가서 자루에 든 밀을 끄집어내 자기 자루에 담기 시작했다. 그것을 본 주인이 달려와서 물었다.

"여기서 뭘 하는 거요?"

"난 바보지요. 그래서 무엇인가 하고 싶은 생각이 떠오르면 그대로만 한다고요."

“그렇다면 당신 자루에서 밀을 꺼내 내 자루에 넣을 생각
은 하면 어때요?”
“이봐요! 난 보통 바보라고요. 형편없는 천치는 아니라구
요!”

차라리 옷에다가 내 몸을 맞추겠소!

호디야가 양복점에 가서 물었다.
“이 옷은 나한테 너무 커요. 줄이는 데 얼마요?”
양복점 주인이 대답했다.
“금화 두 개지요.”
그것은 너무나도 비싼 옷 수선비였다.
호디야가 얼굴을 찌푸린 채 대꾸했다.
“이봐요! 내게 그런 돈이 있다면 난 맛있는 음식을 배가 터
지게 먹고 살이 쪄서 차라리 내 몸을 이 옷에맞추겠어요!”

축하

호디야가 친구에게 소리쳤다.

"날 축하해 줘! 난 이제 아버지가 되었어!"

"그러면 축하를 당연히 받아야지! 그런데 아들이야, 딸이야?"

"맞았어! 그런데 넌 그걸 어떻게 알았지?"

어느 쪽이든 상관이 없다

종교 지도자들이 모여서 회의를 열었다. 할 일이 전혀 없었기 때문에 그들은 바보같은 소리를 하기 시작했다. 드디어 그들은 한 가지 테마를 정해서 토론을 하자고 결정했다.

그래서 한 사람이 먼저 입을 열었다.

"장례식 행렬을 지을 때 사람들은 관 오른쪽에서만 걸어가야 할까요?"

종교 지도자들은 즉시 찬성과 반대 의견으로 반반씩 갈렸다. 오른쪽이냐, 왼쪽이냐를 두고 아무리 토론을 해야 결론을 내릴 수 없었다.

우연히 그곳을 호디야가 지나가게 되었는데 그들이 그의

의견을 묻자 그는 이렇게 대답했다.

"당신들이 관의 안쪽에 있지 않는 한, 오른쪽이든 왼쪽이든 아무 상관도 없잖아요!"

그리스도교 수도자들의 패배

그리스도교의 수도자 세 명이 터키를 방문하여 터키에서 가장 지혜로운 현자와 토론을 하고 싶어 했다. 그래서 술탄이 아크세히르의 나스레딘 호디야를 궁전으로 불렀다.

호디야가 자신만만하게 말했다.

"무슨 질문이든지 해보세요."

첫 번째 수도자가 물었다.

"지구의 중심은 어디 있지요?"

"내 당나귀가 바로 지금 그 오른쪽 발굽으로 밟고 있는 지점이지요."

"그걸 어떻게 증명할 수 있겠소?"

"내 말을 믿지 않는다면 당신이 땅을 파서 재보시오. 그러면 알게 될 거요."

두 번째 수도자가 물었다.

"하늘에는 몇 개의 별이 있지요?"

"내 당나귀의 털만큼 많지요."

"그걸 어떻게 증명할 수 있겠소?"

"내 말을 믿지 않는다면 당신이 직접 세어 보시오. 그러면 알게 될 거요."

"당나귀의 털을 어떻게 세어 본단 말이오?"

"그거야 하늘의 별을 세는 것만큼 쉬운 일이 아니겠어요?"

세 번째 수도자가 물었다.

"내 턱수염의 수염은 몇 가닥이나 되지요?"

"내 당나귀의 꼬리의 털과 같은 숫자요."

"그걸 어떻게 증명할 수 있겠소?"

"간단하지요. 당신 수염을 한 가닥 뽑고 내 당나귀의 털을 한 가닥 뽑는 식으로 뽑아나가면 알게 될 거요!"

수도자들은 패배를 인정하고 말없이 물러갔다.

자기 말을 절대로 취소하지 않는 사나이

어느 친구가 호디야에게 물었다.

"넌 지금 몇 살이지?"

"40세지."

"아니! 3년 전에도 40세라고 했잖아!"

"그야 그렇지. 하지만 난 내 말을 절대로 취소하지 않거든."

오리 수프

호디야가 호숫가를 지나가다가 많은 오리들이 헤엄치는 광경을 보았다. 배가 몹시 고픈 그는 한 마리를 잡아 점심 요리로 쓰고 싶었다. 그래서 살금살금 다가가 물에 풍덩 뛰어들었다.

그러나 오리들은 모조리 날아가 버렸다. 옷이 완전히 젖은 그는 호숫가에 앉은 채 빵 한 조각을 호수 물에 적셔서 먹었다.

마침 지나가던 그의 친구가 물었다.

"넌 지금 뭘 먹고 있지?"

"오리 수프를 먹고 있어."

아내의 죽음보다 당나귀의 죽음이 더 슬프다

호디야가 아내와 사별하자 이웃사람들과 친구들이 모두 몰려가서 위로했다.

"아내에 관해서는 염려 말아요, 호디야. 더 좋은 아내를 우리가 찾아 줄 테니까."

바로 얼마 후 그의 당나귀가 죽었을 때 그는 아내를 잃었

을 때보다 더 슬퍼했다. 그것을 눈치 챈 친구가 이유를 물었
다.

그는 이렇게 대답했다.

"내 마누라가 죽었을 때는 친구들이 모두 더 좋은 아내를
찾아주겠다고 약속했지. 헌데 내 당나귀가 죽자 아무도 더
좋은 당나귀로 바꾸어주려고 하지 않거든!"

비밀의 창고

누군가가 호디야에게 물었다.

"우리 마을에서 비밀을 지킬 수 있는 사람이 누군지 아세
요?"

호디야가 현명하게 대답했다.

"내가 아는 것이라고는 사람은 다른 사람을 자기 비밀을 저
장해두는 창고로 쓸 수가 없다는 사실이지요. 그러니까 당신
비밀은 당신 안에 저장해 두는 것이 제일 안전하다 이거요!"

바보 구경

어느 날 호디야가 깨지기 쉬운 유리그릇들을 운반하고 있었다. 그러다가 발을 헛디디는 바람에 길바닥에 유리그릇들을 떨어뜨려 모조리 깨어 버리고 말았다.

많은 사람들이 그를 둘러쌌다. 그러자 그가 소리쳤다.

"멍청이들 같으니! 뭘 보는 거요? 당신들은 바보를 한 번도 구경한 적이 없단 말이오?"

고양이가 먹어버린 고기

호디야가 매우 좋은 고기를 1킬로그램 사가지고 집에 갔다. 그리고 아내가 요리하는 동안 커피하우스에 가서 차를 마셨다. 그런데 그의 아내는 고기를 요리한 다음 여자 친구들을 초청하여 고기를 모두 먹어버렸다.

호디야가 돌아와서 보니 국만 한 그릇 달랑 식탁에 올라 있었다.

"내가 사온 고기는 어디 갔지?"

"고양이가 먹어버렸어요."

그가 고양이를 잡아다가 저울에 올려놓았다. 그리고 이렇게 소리쳤다.

"이 고양이는 정확하게 1킬로그램이야. 내가 사온 고기도 1킬로그램이었지. 이 고양이가 그 고기라면 고양이는 어디 갔어? 그리고 이것이 고양이라면 내 고기는 어디 갔지?"

아이가 잘못하기 전에 미리 때려라

나스레딘 호디야가 아들에게 우물에 가서 물을 좀 길어오라고 시켰다. 물동이를 깨지 말라고 단단히 이른 다음 그는 아들의 엉덩이를 한 대 세게 때렸다.

곁에서 보던 사람이 물었다.

"호디야! 그 애는 아무 잘못도 저지르지 않았는데 왜 때리는 거요?"

"물동이를 깬 다음에 때려야 이미 늦을 테니까 미리 때려두는 거요."

아내가 두 명인 경우

언젠가 호디야는 아내를 두 명 거느린 적이 있었다. 두 아내는 그가 어느 쪽을 더 사랑하는지 알고 싶어서 이렇게 물었다.

"당신이 우리 둘과 함께 배를 타고 있을 때 배가 암초에 걸려 버렸다면 어느 쪽을 구출하겠어요?"

호디야는 첫째 부인을 향해 몸을 돌려 말했다.

"여보! 당신은 수영 할 줄 알지?"

앞과 뒤

어떤 사람이 호디야에게 물었다.

"당신 코는 어디 있지요?"

호디야가 목덜미를 가리켰다. 질문한 사내가 웃음을 터뜨리며 소리쳤다.

"호디야는 자기 자신의 앞과 뒤조차도 모른다!"

호디야가 재빨리 반문했다.

"당신은 어떤 것의 뒤를 모른다면 그것의 앞은 어떻게 알 수 있겠어요?"

아무 것도 먹고 있지 않다

바람이 심한 날, 호디야가 낙타를 탄 채 옥수수 가루를 먹으려고 했다. 가루를 조금 입에 넣으려고 할 때마다 바람이 불어서 날려 버렸다.

친구가 지나가다가 물었다.

"호디야! 낙타 위에 높이 앉아서 무엇을 먹고 있지?"

"이런 식으로 계속된다면, 난 아무 것도 먹고 있지 않아!

내세는 무시무시한 곳이다

방랑하는 음유시인이 아크세히르에 이르자 호디야에게 물었다.

"우리가 출발했다가 다시 돌아가야만 하는 곳은 어떤 곳인가요?"

호디야가 대꾸했다.

"대단히 무시무시한 곳이 틀림없어요."

"왜 그렇지요?"

"그야 아기들이 세상에 태어날 때 울어대는가 하면, 대부분의 사람들도 이 세상을 떠나기 싫어하면서 역시 울어대기 때문이지요!"

호디야만이 할 수 있는 짓이다

나스레딘 호디야는 유머와 재치와 영리한 대답으로 명성을 얻었다.

어느 날 한 여행자가 아크세히르에 도착했을 때 호디야를 만나서 이야기를 듣고 싶어 했다. 그는 벽에 기대고 서 있는 남자를 발견하고는 호디야가 사는 곳을 물었다.

벽에 기댄 사내는 자기는 벽이 무너지지 않도록 받치고 있는데 여행자가 대신 벽을 바쳐준다면 자기가 가서 호디야를 찾아서 데리고 오겠다고 대꾸했다.

그래서 여행자가 대신 벽을 받치기로 했다. 그가 여러 시간이 지나도록 기다렸지만 사내는 돌아오지 않았다.

마을 사람들이 그에게 다가가서 무슨 일을 하고 있는지 물었다. 여행자가 자초지종을 설명하자 마을사람들이 배를 잡고 웃었다. 이윽고 이렇게 여행자에게 말해주었다.

"이런 일은 나스레딘 호디야만이 할 수 있는 일이지요. 당신이 만났던 사람이 바로 그 사람입니다!"

우물에 빠진 달

어느 날 밤 우물가를 지나가다가 호디야는 갑자기 우물 안을 들여다 보고 싶은 충동을 느꼈다. 놀랍게도 물 위에 달이 떠 있는 것을 보고 그가 소리쳤다.

"달이 우물에 떨어졌다니! 무슨 수를 써서라도 달을 건져 내야겠다!"

주위를 둘러보다가 끝에 갈고리가 달린 밧줄을 발견한 그는 그것을 우물 안으로 던지면서 소리쳤다.

"달아, 갈고리를 붙잡아라! 그리고 꽉 잡고 있으면 내가 잡아당기겠다!"

밧줄의 갈고리는 우물 중간의 돌에 걸렸다. 그가 있는 힘을 다해서 잡아당겼는데 갑자기 갈고리가 돌에서 빠지는 바람에 호디야가 뒤로 나동그라지고 말았다. 벌렁 자빠진 상태에서 그는 하늘 높이 뜬 달을 쳐다보게 되었다.

그래서 이렇게 중얼거렸다.

"쉬운 일은 결코 아니었어. 하지만 우물에 빠진 달을 건져 내었으니 기분은 정말 좋군 그래."

주님께서 원하신다면!

어느날 저녁에 호디야가 아내에게 말했다.

"내일은 말이야. 날씨가 좋으면 난 밭을 갈러 나갈테고 비가 오면 숲에 가서 장작을 마련해 오겠어."

"착실한 이슬람 신도처럼 '주님께서 원하신다면' 이라고 말하세요."

호디야가 당당하게 대꾸했다.

"뭣 때문에 그렇게 해? 내일은 비가 오든가 아니면 오지 않든가 둘 중에 하나야. 그리고 난 어느 쪽이든 내가 할 일을 결심했어."

다음 날은 날씨가 맑았기 때문에 호디야가 밭을 갈러 나갔다. 집으로 돌아가던 중 그는 군인들을 만났다.

군인들이 물었다.

"이봐요, 노인! 옆 마을로 가는 길은 어떤 거요?"

"나한테 묻지 말아요. 난 몰라요."

그는 바쁘게 가던 도중 걸음을 멈춘 채 그들에게 설명할 시간이 없었서 그렇게 대꾸한 것이다.

"그렇다면 우린 당신에게 그 길이 생각나도록 만들겠소."

군인들이 뭉둥이로 그를 때리기 시작했다.

"이제 생각이 났어요!"

"그렇다면 길을 안내하시오!"

그래서 그가 길을 안내했다. 이웃 마을은 매우 멀었는데 가던 도중에 비가 오기 시작했다. 이윽고 그가 그들을 안내하고 난 후에는 물에 빠진 생쥐 꼴에다가 온 몸이 진흙 투성이였고 또 맞은 곳이 매우 아팠다.

그는 한밤중에 집에 돌아와 녹초가 된 상태에서 문을 두드렸다.

그의 아내가 물었다.

"누구세요?"

그가 대꾸했다.

"주님께서 원하신다면, 나야."

꼬리 없는 당나귀

호디야가 당나귀를 팔려고 시장에 가고 있었다. 그런데 당나귀 꼬리가 더럽고 꼬여 있어서 그는 꼬리를 잘라 자기 자루에 넣었다.

시장에서 오랜 시간이 지나도록 아무도 그 당나귀를 사려고 하지 않았다. 이윽고 한 사람이 다가와서 당나귀를 살펴보다가 소리쳤다.

“아니! 이건 도대체 무슨 당나귀가 이래요? 꼬리도 없잖아
요!”

호디야가 대꾸했다.

“잠깐만요! 가격부터 홍정합시다. 꼬리는 그리 멀지 않은
곳에 있으니까요.”

후한 팁

어느 날 호디야가 터키탕에 갔다. 그의 옷차림이 초라했기
때문에 종업원은 그를 대수롭지 않게 여겨서 작은 비누와 너
덜너덜한 수건을 주었다.

목욕을 마친 그는 종업원들에게 금화 한 개씩을 각각 주었
다. 그들은 놀랐다. 그가 홀대에 대해 불평하기는커녕 후한
팁을 주었기 때문이다. 그를 융숭하게 대접했더라면 더 많은
금화를 팁으로 주지 않았을까?

일주일 후 호디야가 다시 그 터키탕에 갔다. 이번에는 종
업원들이 그를 왕처럼 대접했다.

그들은 그에게 마사지를 해주고 향수를 뿌리는가 하면 극
도로 정중하게 모셨다. 목욕이 끝나자 그는 그들에게 각각
전혀 쓸모도 없는 동전 하나씩 주었다. 실망에 찬 그들의 표

정을 바라보면서 호디야가 말했다.

"이 동전은 지난 번 서비스에 대한 것이고 지난 번 금화는 오늘 서비스에 대한 것이지요."

수프를 공상만 했는데...

어느 날 호디야는 매우 배가 고팠다.

"따끈하고 맛있는 수프 한 그릇이 있다면 정말 좋겠다!"

바로 그 순간에 노크 소리가 들렸다. 그가 문을 열어주자 한 소년이 빈 그릇을 들고 서있었다.

"우리 엄마는 몸이 편찮으세요. 따끈한 수프를 좀 주시겠어요?"

호디야가 소리쳤다.

"맙소사! 내 생각마저도 내 것이 아니라니! 난 수프를 공상만 했는데 이웃사람이 그 냄새를 맡았으니까 말이야!"

고약한 개

호디야가 공동묘지 옆을 지나가다가 무덤 주변을 파고 있는 개를 발견했다. 이슬람 신도들은 개를 깨끗하지 못한 동물로 취급하고 있었다.

그래서 그가 지팡이를 들어 개를 때리려고 하자 개가 갑자기 으르렁거리면서 그에게 달려들었다. 그가 재빨리 뒤로 물러서더니 미소를 지으면서 개에게 말했다.

"가만히 있어! 네가 하는 일을 방해해서 미안하다고. 하던 일을 계속해도 좋아."

천당과 지옥이 가득 찰 때까지

술탄 티무르가 호디야에게 물었다.

"사람들은 얼마나 오랫동안 태어나고 죽을 거요?"

호디야가 엄숙한 표정으로 대답했다.

"천당과 지옥이 가득 찰 때까지 사람들은 태어나고 죽을 겁니다. 양쪽이 가득 차면 태어나고 죽는 일도 끝나지요!"

요리법은 내가 가지고 있다!

호디야가 시장에 가서 어린양의 간을 사가지고 집으로 돌아가는 길에 친구를 만났다. 친구가 그것을 어떻게 요리할 것인지 물었다.

그는 이렇게 대답했다.

"그냥 프라이 할 작정이야."

"프라이 하는 것보다 더 좋은 요리법을 난 알아."

친구는 요리법을 종이에 적어서 그에게 주었다. 그는 매우 기뻐하면서 한시바삐 집에 돌아가서 요리하려고 했다. 그러나 도중에 커다란 까마귀가 그의 손에 들었던 어린 양의 간을 채어가 버렸다.

화가 머리끝까지 뻗친 그가 까마귀를 향해 소리쳤다.

"이 도둑놈아! 넌 그걸 맛있게 먹을 수 없어. 그 요리법은 내가 가지고 있다 이거야!"

당나귀를 뒷걸음질로 모는 이유

친구들과 함께 아크세히르에 가던 호디야는 자기가 타고 가는 당나귀를 반대방향으로 돌려세운 뒤 뒷걸음질로 해서 가도록 몰기 시작했다.

친구들이 이상하게 여겨서 물었다.

"호디야! 당나귀를 왜 뒷걸음질로 해서 걸어가게 하지?"

그가 대꾸했다.

"내가 당나귀를 정상적으로 앞으로 몰아서 너희를 앞지른다면 너희는 기분이 나빠질 거야. 반면에 너희가 나를 앞질러서 간다면 그것도 좋지가 않아. 그래서 내가 이렇게 뒷걸음질로 가게 되면 너희와 나란히 갈 수가 있거든!"

알다가도 모를 일

호디야가 담을 넘어서 어떤 사람의 밭에 들어갔다. 그리고 손에 잡히는 대로 모조리 자기 자루에 넣었다.

밭주인이 그를 보고 고함쳤다.

"이봐요! 여기서 뭘 하는 거요?"

"난 강풍에 날려서 여기 왔지요."

“그럼 누가 야채들을 뽑아 놓았지요?”

“난 강풍에 날아가지 않으려고 이것들을 붙잡고 있었지요.”

“그렇다면 어떻게 야채들이 당신 자루에 들어갔지요?”

“그거 참 이상하군요. 당신이 다가올 때 나도 그게 이상하다고 생각하고 있던 참이었거든요!”

현악기 연주법

어느 날 친구들이 호디야에게 현악기를 하나 주면서 한 곡조 연주해 달라고 말했다. 호디야는 음악에 조예가 전혀 없었지만 좌우간 그것을 받아서 연주하기 시작했다. 도저히 들어줄 수 없는 소리가 났다.

친구들이 불평했다.

“그런 연주가 어디 있어? 우리가 보기에 연주가는 왼쪽 손가락을 목 아래에서 움직이면서 자기가 원하는 멜로디를 찾는다 이거야.”

호디야가 대꾸했다.

“난 멜로디를 찾고 있는 게 아냐. 이미 찾은 거야.”

누구 말이 맞는가?

호디야가 시장에 가서 옷을 사려고 했다. 그는 멋지게 보이는 바지를 집어 들었고 주인은 그것을 잘 포장했다. 그 때 호디야는 마음이 변해서 가벼운 외투를 사고 싶었다.

"바지 대신에 외투를 주시오."

그가 고른 외투를 주인이 포장했다. 호디야가 그것을 받아 들고 가게를 나서려고 하자 주인이 소리쳤다.

"이봐요! 외투 값을 아직 안 냈잖아요!"

"외투 대신에 난 바지를 당신에게 주었잖아요!"

"그럼 바지 값은 왜 안 내는 거요?"

"그야 물론 낼 필요가 없지요! 사지도 않은 바지의 값을 내가 왜 내야 한단 말이요?"

사다리는 밭에서도 판다

어느 날 호디야가 담장 위에 올라가 사다리를 남의 집 밭으로 내리고 있었다. 밭에 있던 주인이 그를 발견하고 고함쳤다.

"이봐요! 당신, 여기서 무슨 짓을 하고 있는 거요?"

호디야가 순간적으로 둘러댔다.

"난...사다리를 팔고 있지요."

"바보 같으니! 밭에서는 사다리를 팔 수 없다 이거요!"

호디야가 현명하게 대꾸했다.

"바보는 바로 당신이오! 왜냐하면 사다리는 어디서나 팔 수가 있다는 걸 당신만 모르고 있으니까요!"

포도 맛은 다 똑같다

호디야가 자기 포도원에서 포도를 따서 두 바구니를 가득 채운 다음 바구니들을 당나귀에 싣고 시장에 내다 팔려고 떠났다. 도중에 아이들을 만났는데 그들은 이렇게 소리쳤다.

"아저씨! 포도를 좀 주세요!"

아이들은 모두 열 두 명이었다. 호디야는 그들 각자에게 한 송이씩 준다면 손해가 클 것이라고 계산했다. 그래서 줄기에서 한 송이를 떼어내 한 아이에만 주었다. 그 송이에는 포도알이 여섯 개밖에 달리지 않았다.

그러자 아이들이 불평했다.

"아저씨! 겨우 이거밖에는 줄 수가 없단 말인가요?"

호디야가 대꾸했다.

"이거 봐! 이 포도는 모두 맛이 똑같아. 그러니까 너희가 제각기 포도알의 반쪽씩만 먹든 커다란 송이를 하나씩 먹든 맛에는 아무런 차이도 없지 않겠어?"

당나귀만 잃은 것이 다행이다

어느 날 호디야가 당나귀를 잃어버렸는데 그는 매우 기뻐했다. 사람들이 이상하게 여겨서 그에게 왜 그렇게 기뻐하는지 이유를 물었다.

그러자 그는 이렇게 대답했다.

"당나귀를 잃어버릴 때 내가 그 당나귀를 타고 있지 않은 것이 얼마나 기쁜지 몰라요. 만일 내가 그 당나귀를 타고 있었더라면 나 자신마저도 함께 잃어버렸을 테니까요."

오래된 식초

호디야의 친구가 어느 날 그를 찾아가서 말했다.

"이 집에 40년 묵은 식초가 있다는 말을 난 들었어. 그걸 좀 나누어 줄 수 있겠지?"

"웃기는 소리 말아! 절대로 나누어 줄 수 없어. 지금까지 그걸 나누어 주었다면 그 식초는 40년 묵은 것이 될 수 없었을 테니까."

백지 초청장

호디야의 이웃집에서 결혼식 피로연이 열리고 있을 때 그는 거기 참석하고 싶었다. 그래서 한 가지 꾀를 냈다. 그는 종이를 접어서 봉투에 넣은 다음 이웃집으로 가서 문을 두드렸다.

"난 여기 초청장을 가지고 왔어요."

문간에서 그 봉투를 내민 그는 용감하게 안으로 들어가서 테이블에 자리를 잡고 앉았다. 그러고는 주인이 잔뜩 차려놓은 맛있는 음식을 먹기 시작했다. 주인이 봉투에서 종이를 꺼내 보고는 소리쳤다.

"이건 백지잖아요! 아무 것도 쓰여 있지가 않아요!"

호디야가 이렇게 대꾸했다.

"난 정신없이 서두르고 있었기 때문에 당신의 하인은 초청의 글을 쓸 시간조차 없었다고요!"

멋진 아이디어

어느 날 호디야가 아내에게 참깨와 꿀과 기타 다른 재료들을 가지고 맛있는 과자를 만들어 달라고 말했다. 아내가 그 과자를 굉장히 많이 만들었는데 호디야는 거의 전부 먹었다.

그날 밤 호디야가 침대에서 몸을 일으키더니 아내에게 말했다.

"난 방금 멋진 아이디어가 떠올랐어!"

호기심이 발동한 아내가 물었다.

"뭔데요?"

"남은 그 과자를 가져오면 말해 주겠어."

아내가 남은 과자를 가져다주자 그는 그것을 다 먹어버렸다. 아내가 말했다.

"자, 말해 봐요. 당신의 멋진 아이디어가 무엇인지 들어보지 않고서는 난 다시 잠이 들 수가 없어요."

"멋진 아이디어란 말이야. 오늘 만든 맛있는 과자는 오늘 다 먹어치우지 않고서 잠이 들어서는 안 된다는 거야."

황소만이 할 수 있는 일

도시에 사는 어떤 사람이 시골의 마을을 돌아다니다가 어린 소녀를 만났다. 소녀는 거대한 암소의 목에 맨 줄을 잡은 채 그 암소를 끌고 가고 있었다. 도저히 그냥 지나칠 수가 없었던 그가 물었다.

"애야, 그 암소를 어디로 끌고 가는 중이냐?"

꼬마 소녀가 대꾸했다.

"황소에게 끌고 가는 거예요."

"네 아버지는 할 수 없니?"

"그럼요! 황소만이 할 수 있는 일을 우리 아버지가 어떻게 할 수 있겠어요?"

무식한 술탄

술탄 티무르는 매우 잔인했다. 법을 어긴 자들에 대해 그가 즐겨 사용한 처벌은 매질이었다.

어느 날 호디야가 술탄과 함께 있을 때 판결을 받아야 할 죄수들이 끌려 왔다.

술탄이 큰소리로 외쳤다.

"저놈은 800대를 쳐라!"

"그리고 이놈은 1200대를 쳐라!"

"그리고 저놈은 1500대를 쳐라!"

그러자 나스레딘 호디야가 술탄의 말을 막았다.

"폐하! 폐하께서는 무엇이든지 다 아시는가요?"

술탄이 즉석에서 쏘아붙였다.

"물론 난 무엇이든지 다 알아요!"

"그렇다면 어떻게 이런 처벌을 선언하실 수가 있지요? 폐하께서는 1500이란 숫자가 무엇인지 모르시거나 아니면 채찍 맛이 어떤 것인지 모르시는 겁니다."

내가 그 속에 있었다고요

어느 날 이웃집 사람들이 호디야에게 말했다.

"호디야! 우린 어젯밤에 당신 집에서 시끄러운 소리가 나는 걸 들었어요. 무슨 일이 있었지요?"

호디야가 대꾸했다.

"높은 데서 내 옷이 땅바닥에 떨어졌지요."

"옷감으로 만든 옷이 떨어졌다면 그렇게 큰 소리가 날 리가 없지요. 안 그래요?"

호디야가 짜증스럽다는 듯이 대꾸했다.

"이봐요! 그 옷 속에는 내가 들어 있었다 이거요!"

혹을 떼려다가 혹을 붙인 사람들

어느 날 술탄 티무르는 자기 생각에 멋지다고 보는 선물, 즉 수컷 코끼리 한 마리를 아크세히르 주민들에게 주었다. 물론 가난한 그들은 코끼리를 기를 능력이 없었기 때문에 그것을 없애 버리고 싶어 했다. 그러나 처벌이 두려워서 감히 술탄 앞에 나아가 말할 수가 없었다.

그래서 그들은 호디야를 찾아가 자기들을 대표하여 술탄

에게 말을 좀 해달라고 요청했다. 호디야는 주민 15명이 자기를 따라 술탄 앞에 간다면 그들의 요청을 수락하겠다고 말했다.

이윽고 그는 주민 15명을 거느리고 술탄의 궁전을 향해 출발했다. 그런데 도중에 주민들이 하나씩 도망쳤다. 술탄의 궁전 앞에 도착해서 그가 뒤를 돌아다보았을 때 그의 뒤를 따라온 주민은 단 한 명도 없었다.

그는 화가 잔뜩 난 상태에서 술탄 앞에 나아가 말했다.

"폐하! 제가 사는 마을의 주민들은 제가 폐하께 말씀을 드려주기를 간청했지요."

"말해 보시오."

"우리 마을의 주민들은 폐하께서 주신 저 놀라운 선물을 매우 기쁘게 여기고 감사하지요. 그런데 한 가지 문제가 있어요. 사람들이 그 코끼리를 가련하게 여기는 이유는 그것이 수컷인데 곁에 암컷이 없기 때문이지요."

그 말을 들은 술탄은 매우 기뻐했다.

"그런 건 문제도 아니지요. 암컷 코끼리를 즉시 선물하겠소."

"폐하! 진심으로 감사드립니다!"

그런 다음 호디야는 마을로 돌아가서 그 기쁜 소식을 사람들에게 전했다.

엉터리 이발사

어느 날 호디야는 솜씨가 매우 서툰 이발사의 이발소에 들어갔다. 이발사는 매우 무딘 면도칼로 그를 면도하기 시작했다. 상처가 생길 때마다 이발사는 상처에 솜을 붙여 피를 멈추게 했다.

얼굴 절반의 면도가 끝났을 때, 여기저기 솜이 붙어 있는 자기 얼굴을 본 호디야가 벌떡 일어서면서 소리쳤다.

"이봐요! 그만하면 됐어요! 내 얼굴 반쪽에 면화가 자라고 있으니 난 다른 쪽에는 밀을 심고 싶다 이거요!"

내 물건

어느 날 호디야가 묘목을 심으려고 자기 밭에 갔다. 저녁이 되자 그는 심었던 묘목들을 모조리 뽑아서 손에 든 채 귀가했다.

아내가 물었다.

"여보! 무슨 일을 그렇게 해요?"

호디야가 대꾸했다.

"요즈음 세상은 참으로 험악해. 그러니까 난 내 물건을 들

판에 내버려두고 싶지가 않아. 어떤 놈이 와서 훔쳐갈지도
모르니까 말이야."

새 구두를 무사히 보존해서 감사합니다

무더운 여름날 호디야가 맨발로 자기 농장에서 일을 하고
있었다. 그러다가 갑자기 날카로운 가시를 밟아 가시가 그의
발에 박혔다.
그가 소리쳤다.
"주님! 이 축복에 감사드립니다. 새로 산 저의 구두를 제가
신고 있지 않은 것에 대해서도 감사드립니다!"

무화과

어느 날 부자가 호디야를 만찬에 초청했다. 부자는 하인에
게 온갖 맛있는 음식을 가져오라고 지시했다. 하인이 지시대
로 했는데 무화과만 빠졌다.
식사가 끝날 무렵 주인이 호디야에게 코란의 한 구절을 읽

어 달라고 청했다. 그가 코란을 펴자 '무화과와 올리브와 시나이 산의 이름으로' 라는 구절이 눈에 띄었다.

호디야가 그 구절을 읽기 시작했다.

"가장 자비로우신 하느님의 이름으로, 올리브와 시나이 산의 이름으로..."

주인이 말을 막았다.

"호디야! 당신은 무화과를 빠뜨렸잖아요!"

호디야가 대꾸했다.

"무화과를 빠뜨린 것은 내가 아니라 당신이라고요!"

낡은 관

호디야가 침울한 표정으로 친구들에게 말했다.

"내가 죽으면 나를 낡은 관에 넣어주면 좋겠어."

친구들이 물었다.

"낡은 관이라니? 새 관에 들어가는 것과 낡은 관에 들어가는 것이 무슨 차이가 있는데 그래?"

"이거 봐! 천사들이 나에게 오면 나는 이렇게 대답할 거야. 나는 오래 전에 죽었기 때문에 이미 심판을 받았다고 말이야. 그러면 천사들이 나를 그냥 지나쳐버리고 오던 길로 다시 돌아갈 거야!"

당나귀가 잘못된 것이다

어느 날 호디야가 당나귀를 탈 때 잘못 타서 뒤쪽을 바라보면서 앉았다.

사람들이 그에게 소리쳤다.

"호디야! 당신은 뒤쪽을 바라보면서 잘못 탔어요!"

그가 대꾸했다.

"천만에! 내가 당나귀를 잘못 탄 게 아니라 당나귀가 방향이 잘못된 쪽을 바라보고 있는 거요!"

너무나도 매운 수프

하루 종일 바쁘게 일한 호디야는 저녁이 되자 몹시 배가 고팠다. 집으로 허겁지겁 달려간 그는 아내로부터 매우 맛이 있기는 하지만 고춧가루를 너무 뿌려서 엄청나게 매운 수프를 받았다.

숟가락을 집어든 그는 그 매운 수프를 푹 떠서 입에 넣었다. 이어서 자리를 박차고 일어난 그는 길거리로 뛰쳐나가 고함쳤다.

"사람 살려! 사람 살려! 내 배에 불이 났다고요!"

난 육손이가 아니다

어느 날 몹시 배가 고파진 호디야는 밥그릇에 손을 푹 찔러넣은 다음 재빨리 밥을 먹기 시작했다. 물론 정상적인 예의는 엄지와 두 손가락만 사용해서 밥을 먹는 것이었다.

그래서 한 친구가 그에게 물었다.

"호디야! 넌 왜 다섯 손가락으로 밥을 먹는 거냐?"

호디야가 대꾸했다.

"왜냐하면 난 여섯째 손가락이 없기 때문이야!"

캄캄한 방에서 왼쪽과 오른쪽을 구별하다니!

밤에 호디야가 아내와 침대에 누워서 잠을 자고 있는데 아내가 그를 깨웠다.

"여보! 난 화장실에 좀 가야겠어요. 침대 오른쪽에 초를 놓아두었으니까 그 초를 좀 집어 주세요. 그래야 내가 불을 켜서 화장실에 갈 수 있지요."

호디야가 대꾸했다.

"이 캄캄한 방에서 내가 어떻게 왼쪽과 오른쪽을 구별할 수 있다는 거야?"

대단한 착각

어느 날 호디야가 커피하우스에서 차를 마시고 있을 때 낯선 사내가 그에게 다가와서는 자신의 개인적인 일을 시시콜콜 털어놓기 시작했다. 호디야는 그가 왜 그런 이야기를 자기에게 해주는지 이해할 수가 없어서 물었다.

"이거 보세요. 난 당신이 누군지도 몰라요. 그런데 왜 당신 이야기를 나에게 해주는 건가요?"

낯선 사내가 대꾸했다.

"아니 이런! 당신 터번이 나의 터번과 똑같고 당신 옷이 내 옷과 똑같아서 나는 당신이 나인 줄로 알았다고요!"

나이

호디야가 어린 소년일 때 한 어른이 그에게 물었다.

"얘야, 너와 네 형은 누가 나이가 더 많으냐?"

호디야가 잠시 생각하더니 입을 열었다.

"엄마는 형이 나보다 한 살 위라고 작년에 말했어요. 그러니까 금년에는 형하고 나하고는 나이가 똑같아요."

햇빛도 없고 먹을 것도 없는 곳

아크세히르에서 어떤 남자가 죽었다. 그의 아내는 사랑하는 남편을 잃은 비통한 심정에서 통곡하면서 소리쳤다.

"아, 여보! 당신은 어디로 가셨나요? 햇빛도 없고 먹을 것도 없고 아무 것도 없는 곳으로 가시다니요!"

그 말을 들은 호디야가 자기 집으로 달려가서 아내에게 소리쳤다.

"서둘러! 빨리! 죽은 사람의 관이 우리 집으로 오고 있어!"

내 말을 믿으시오

호디야가 배를 타고 여행할 때 짙은 안개가 배를 뒤덮었다. 배가 침몰할 위기가 닥치자 사람들은 겁을 집어먹었다. 그들은 죽음이 준비도 되지 않은 그들을 잡아갈지 모르니까 항상 영혼의 준비를 해두고 죄를 회개하라고 말하는 호디야를 조롱하던 사람들이었다.

그러던 그들이 호디야에게 다가가서 소리쳤다.

"주님께서 우리를 용서하시고 죽음에서 구출해 주시게 하려면 우리는 무엇을 해야만 하지요?"

호디야가 냉정하게 대꾸했다.

"육체적 욕정을 버리시오! 더러운 삶을 더 이상 계속하지 않겠다고 주님께 약속하시오! 그러면 주님께서는 분명히 우리를 용서하시고 안전한 곳으로 인도해 주실 거요. 내 말을 믿으시오!

그리고 한 가지 더 있는데 그것은 내가 지금 바로 저기 있는 항구를 볼 수가 있다는 사실이오!"

소금을 친 우유

호디야와 그의 친구는 목이 말라서 커피하우스에 들어갔다. 그들은 가진 돈이 너무 적어서 우유를 한 잔만 사서 나누어 마시기로 했다.

친구가 그에게 말했다.

"네가 먼저 반 잔을 마시고 나면 내가 나머지 반잔을 마시겠어. 나는 설탕이 좀 있는데 반잔에만 적합한 분량이거든."

"설탕을 먼저 여기 넣어라! 그래야 내가 마실 반잔도 조금은 달콤해질 테니까."

"그건 안 돼! 난 내가 마실 우유만 달콤해지기를 바라거든. 이 설탕은 반잔만 달게 만들 수 있어."

마침 호디야는 자기 주머니에 소금이 있었다. 그래서 친구
에게 이렇게 말했다.

"그렇다면 좋아. 내가 먼저 반잔을 마시지. 하지만 난 내
반잔에 소금을 치겠어."

그들이 싸움을 그친 이유

한밤중에 호디야는 자기 집 창밖에서 나는 시끄러운 소리
를 들었다. 그는 담요를 몸에 두른 채 밖으로 나가서 무슨 일
인가 살폈다. 두 사람이 싸우고 있는 것을 본 그가 다가가서
싸우는 이유를 묻고 그 둘을 떼어놓으려고 했다.

그런데 한 사내가 갑자기 그의 담요를 벗겨 들었고 두 사
내는 즉시 어둠 속으로 사라졌다.

가련한 호디야는 알몸이 드러나 부끄럽기 짝이 없었다. 그
가 침대에 몸을 눕히자 아내가 물었다.

"그 사람들은 뭣 때문에 싸운 거지요?"

그가 대꾸했다.

"우리 담요를 두고 싸웠어. 그들은 이제 우리 담요를 가졌
기 때문에 싸움을 멈춘 거야."

이사 가는 줄 알았다고요

어느 날 밤 도둑이 호디야의 집에 들어가 물건을 모조리 자기 자루에 넣기 시작했다. 소음에 잠이 깬 호디야가 아래층으로 내려가서 도둑을 보았다. 그런데 호디야는 도둑이 자루에 물건을 넣는 일을 도와주기 시작했다.

도둑은 기가 막혔서 소리쳤다.

"이봐요! 당신, 지금 무슨 일을 하고 있는 거요? 왜 내 자루에 물건을 넣는 거요?"

호디야가 대꾸했다.

"난 우리가 이사하는 중이라고 생각했거든요."

시계추가 두 번 쳤다

호디야는 평생 여러 가지 직업을 가졌는데 어느 한 가지도 그리 오래 가지는 못했다. 그가 마지막에 시도한 사업은 시계가게를 낸 것이었다. 그러나 가게를 열자마자 근처 아이들이 몰려와 지금이 몇 시인지 물으면서 끊임없이 그를 괴롭혔다.

호디야는 참을성 있게 친절히 대답해주려고 애썼다. 그러나 며칠이 지난 뒤에는 도저히 더 이상 참을 수가 없었다. 그래서 커다란 지팡이를 가지고 가게에 나갔다.

얼마 후 한 소년이 가게에 들어서서 물었다.

"호디야! 지금 몇 시지요?"

호디야가 재빨리 지팡이를 집어 소년의 머리를 두 번 때리고는 대꾸했다.

"애야, 시계추가 방금 두 번 쳤잖아!"

자연분만

호디야가 사는 마을에서 한 여인이 아이를 낳게 되었다. 그러나 진통이 여러 시간 계속 되어서 여인은 극심한 고통만 겪고 있었다. 그래서 사람들이 호디야를 불러오도록 했다. 그가 현장에 가서 이야기를 듣고는 곧장 밖으로 나갔다. 얼마 지나지 않아 그는 어린애 장난감인 호루라기를 들고 돌아왔다.

사람들은 그걸 가지고 무엇을 할 것인지 물었다. 그러자 그가 대꾸했다.

"이 호루라기 소리를 아기가 들으면 이 아기는 이걸 가지고 놀고 싶어서 즉시 밖으로 나올 겁니다!"

양고기는 내 것이 아니다

호디야가 맛있는 양고기를 먹고 있을 때 한 소년이 다가와서 고기를 좀 달라고 청했다.

호디야가 대꾸했다.

"이건 내 것이 아니라 내 마누라 것이기 때문에 고기를 네게 조금도 줄 수가 없어."

소년이 물었다.

"그렇다면 고기는 왜 먹고 있지요?"

"난 이걸 먹지 않으면 안 돼. 먹지 않으면 안 된다고 내 마누라가 나에게 말했거든."

유서

나스레딘 호디야가 유서를 써야만 할 때가 되었다. 그는 간략하게 이렇게 적었다.

"나는 아무 것도 가진 것이 없다. 나의 직계가족은 이것을 똑같이 공평하게 나누어 가져라. 그러고도 남는 것이 있으면 가난한 사람들에게 주어라!"

생선의 냄새를 맡는 법

벡타시가 어시장에 가서 고등어를 한 마리 고른 다음에 허리를 굽혀서 생선의 꼬리의 냄새를 맡아보았다.

그러자 생선장수가 한 마디 던졌다.

"생선은 대가리의 냄새를 맡아야만 한다고요! 생선 사는 사람은 누구나 다 그렇게 하지요."

벡타시는 태연하게 대꾸했다.

"생선이 대가리에서 냄새가 나는 건 당연하지요. 난 다만 그 냄새가 꼬리까지 내려갔는지 여부를 확인하는 중이다 이거요."

멋진 흥정

장날이 되자 시장에서 포도가 매우 싸게 팔리고 있었다. 호디야의 친구가 시장에 가서 좀 더 싼값에 포도를 사다 달라고 졸라댔다. 그래서 그는 시장에 간 다음에 장사꾼들과 흥정하기 시작했다. 오랫동안 줄다리기를 한 끝에 드디어 매우 싸게 포도를 샀다.

집으로 돌아온 그는 친구들 앞에서 으스대면서 말했다.

"난 해냈어! 쉽지는 않았지만 난 성공했다고! 난 장사꾼과 씨름하고 간청도 하고 온갖 이야기를 다 늘어놓았거든. 드디어 그는 나의 거짓말을 믿게 되었기 때문에 포도를 엄청나게 싸게 나에게 주었지."

"잘 했군. 잘 했어!"

"그건 너희들이 끈질기게 부탁을 했기 때문이야. 어쨌든 나는 내가 수고한 것만큼의 보답을 받아야겠어."

"그야 물론이지."

"그럼 좋아. 이 모든 수고는 내가 했기 때문에 이 포도는 모조리 내가 가져야겠어."

꿈이여 다시 한 번

무더운 여름 날 호디야가 문간에서 낮잠을 자고 있었다. 그는 낯선 사람이 자기에게 금화 열 개를 주는 꿈을 꾸었다. 사내는 그의 손바닥에 금화를 하나씩 떨어뜨려 주다가 마지막 금화는 줄까 말까 망설이고 있었다.

호디야가 소리쳤다.

"이봐요! 뭘 망설이는 거요? 당신은 내게 열 개를 주겠다고 약속했잖아요!"

바로 그 순간에 잠이 깬 그는 텅빈 자기 손을 바라보았다.

그는 즉시 다시 눈을 감고 손을 뻗은 뒤 말했다.

"좋아요! 난 아홉 개로 만족하겠어요."

말다툼

호디야가 마을의 설교가로 활동하고 있을 때 한 번은 그곳의 촌장과 말다툼을 한 적이 있었다. 그 후 얼마 지나지 않아 촌장이 죽자 마을사람들이 호디야에게 말했다.

"촌장이 죽었어요. 얼른 와서 장례예식을 해주세요. 당신은 그를 위해 죽은 자를 위한 기도를 바쳐야만 해요."

그는 이렇게 대꾸했다.

"무슨 소용이 있겠어요? 우리는 말다툼을 한 적이 있어서 그는 내 말을 절대로 듣지 않을 텐데 말이요!"

당신은 나하고 대등하지 않아요!

단식 기간인 라마단 달에 호디야가 시골을 돌아다니면서 자선기금을 모으고 있었다. 코란 연구에 전념하기 위해 돈을 거두는 것이었다.

어느 마을에 들어선 그가 여관에 들었다. 여관주인은 그와 마찬가지로 코란을 잘 읽고 또 정확하게 글로 쓰기도 했다. 그래서 그 주인이 호디야에게 말했다.

"보세요. 난 코란을 당신과 똑같이 읽고 쓸 줄 알아요. 당신은 나에게 자선기금을 내라고 하지만 내가 돈을 줄 필요가 어디 있어요? 우린 대등하다 이거요. 난 당신 같은 학자가 필요 없어요!"

호디야가 대꾸했다.

"당신은 코란을 제대로 읽고 쓸 줄 알기는 하지만 나하고 대등하지는 않아요."

"왜 그렇지요?"

"당신이 온 시골구석을 다 돌아다닌 다음 빈손으로 기가
죽어서, 그리고 완전히 녹초가 되어서 집에 돌아온다면 그제
야 비로소 당신은 나하고 대등한 거란 말이오!"

그게 당신과 무슨 상관이오?

수다쟁이가 입이 근질근질해져서 호디야에게 한마디 던졌
다.
"호디야! 사람들이 맛있는 속을 넣어 요리한 칠면조 접시
를 운반하고 있어요."
호디야가 대꾸했다.
"그게 나하고 무슨 상관이요?"
"그렇지만 보세요. 그들은 그 요리접시를 당신 집에 가져
가고 있다고요!"
그러자 호디야가 그 사람을 꾸짖었다.
"그렇다면 그게 당신과 무슨 상관이 있단 말이오?"

황소의 잘못

어느 날 황소가 호디야의 채소밭에 들어가 채소를 마구 뜯어 먹었다. 그것을 본 호디야는 매우 화가 나서 황소를 잡아서 때려주려고 했다. 그러나 황소가 달아나는 바람에 그는 황소를 잡을 수가 없었다.

머칠 후 그는 마차에 매인 그 황소를 발견했다. 그래서 그는 즉시 황소를 때리기 시작했다.

마차주인이 그 광경을 보고는 달려와서 호디야에게 고함쳤다.

"당신 미쳤소? 이 가련한 짐승을 왜 마구 때리는 거요? 이 소가 당신에게 무슨 잘못을 했단 말이오?"

호디야가 그 주인을 밀치면서 소리쳤다.

"간섭하지 말아요! 난 이놈이 잘못했다는 걸 안다 이거요!"

사소한 일은 상관하지 않는다

어느 날 호디야가 삽을 들고 매우 깊은 구덩이를 파기 시작했다. 이웃사람들이 몰려와 빙 둘러서더니 그게 무슨 구덩이냐고 물었다.

그래서 호디야가 대답했다.

"저기 새 집을 짓기 위해 기초공사를 하느라 파서 쌓아놓은 흙무더기가 보이지요? 저 흙무더기를 아무도 처치하려고 하지 않으니까 내가 그걸 이 구덩이에 넣으려고 하는 거요."

"하지만 호디야! 이 구덩이에서 나온 흙은 어떻게 처치하려고 하지요?"

"이봐요! 내가 그런 사소한 일들을 어떻게 시시콜콜 다 알 수가 있겠어요?"

내가 바보인 줄 알아?

어느 날 시장에서 호디야는 매우 많은 물건을 샀기 때문에 그의 자루가 너무 무거워서 지고 갈 수가 없을 정도였다. 그래서 짐꾼을 불러 자루를 운반하게 했다. 그런데 혼잡한 시장바닥에서 그는 자기 앞에서 가던 짐꾼이 어디로 사라졌는지 놓치고 말았다. 물론 자루도 잃어버렸다.

일주일이 지났을 때 호디야가 친구와 함께 그 시장을 걸어다니고 있다가 멀리 서 있는 바로그 짐꾼을 발견했다. 호디야가 즉시 그 짐꾼에게 달려가다가 짐꾼 옆에 이르렀을 때 갑자기 몸을 돌리더니 숨어버렸다.

이상하게 여긴 친구가 물었다.

"호디야! 왜 숨는 거야? 넌 저 사내를 일주일 동안 찾아다니다가 이제 막 발견했잖아! 그런데 왜 네가 숨느냐고?"

호디야가 대꾸했다.

"난 절대로 바보가 아냐! 저놈이 날 본다면 자기가 일주일 동안 내 짐을 지고 다녔다고 말할 거야. 그러면 난 엄청난 품삯을 주어야만 하잖아!"

속임수

호디야가 시브리히스타르에서 살고 있을 때 그의 이웃집 소년은 이 세상에서 그 누구도 자기를 속일 수가 없다고 큰소리쳤다.

어느 날 호디야가 그 소년에게 말했다.

"여기서 잠시 기다려. 내가 너를 속일 수 있는 방법을 생각해낸 다음에 돌아와서 말해 줄 테니까."

그렇게 말한 다음에 호디야가 즉시 떠나갔다. 세 시간 뒤에도 소년은 그 자리에 서 있었다.

지나가던 사람이 소년에게 누구를 기다리고 있느냐고 물었다. 소년이 대답했다.

"호디야가 나를 속일 수 있는 방법을 생각해내서 돌아오기를 기다리고 있지요. 난 여기서 세 시간이나 기다리고 있는데 그는 아직도 오지 않아요!"

지나가던 사람이 코웃음을 쳤다.

"흥! 그렇게 오랫동안이나 네가 여기서 기다리게 만든 것 자체가 이미 너를 속인 거잖아! 앞으로 얼마나 더 오래 넌 여기 서 있으려고 하지?"

헛소문의 예

제자들을 거느리고 걸어가던 호디야가 헛소문과 쓸데없는 잡담의 해독에 관해 훈시를 한 다음 이렇게 말했다.

"너희는 자기 귀에 들리는 말을 모두 믿지는 마라. 내가 들은 것 가운데 어떤 것들은 사실이 아니었거든."

한 학생이 물었다.

"예를 들어주실 수 있겠어요?"

"그야 물론이지. 언젠가 어떤 사람이 말하기를 내가 죽었다고 하더군."

해보다는 달이 더 유용하다

커피하우스에 들어선 호디야가 엄숙하게 선언했다.
"해보다 달이 더 유용하지요."
사람들이 물었다.
"왜요?"
"우리는 햇빛이 비치는 낮 시간보다는 캄캄한 밤에 빛이
더욱더 필요하니까요."

세상을 잠시 방문할까 생각 중

어느 날 호디야가 공동묘지 근처를 걸어가다가 저쪽에서
말을 탄 사람들이 달려오는 것을 보았다. 그들이 잔인한 강
도들일 것이라고 생각해서 겁에 질린 그는 옷을 모조리 벗어
던진 다음 새로 판 무덤 구덩이 속에 뛰어들어서 죽은 척했
다.
말탄 자들이 다가와서 그를 보고는 물었다.
"당신은 이 무덤 속에서 무엇을 하고 있는 거요?"
머리가 빨리 돌아가는 호디야가 대꾸했다.

"난 사실 죽은 사람이지요. 하지만 세상을 잠시 방문하기 위해 돌아갈까 생각 중이오."

더 밝은 곳에서 찾아보아야 좋다

어느 날 집안에서 호디야는 금반지를 잃어버렸다. 한참 동안 찾아보았지만 찾을 수가 없었다. 그가 바깥에 나가서 금반지를 찾고 있는데 이웃사람이 무엇을 찾는지 물었다.
"내 반지를 찾고 있지요."
"어디서 잃어버렸는데요?"
"집안에서 잃었지요."
"그런데 왜 바깥에서 찾지요?"
"그거야 집안보다 여기가 더 밝으니까요."

눈병

한 농부가 호디야를 찾아가서 자기 눈이 아프다고 말하고는 좋은 의견을 구했다.

호디야가 이렇게 대답했다.

"전에 한 번은 내가 이가 아픈 적이 있지요. 그런데 이를 빼니까 통증이 사라졌다고요!"

음악소리는 내일 들릴 것이다

어느 날 호디야가 제자와 함께 집으로 돌아가고 있을 때 한 떼의 도둑들이 어느 집 앞에 몰려서서 자물쇠를 부수려고 하고 있었다.

호디야는 자기가 간섭하는 말을 했다가는 그들에게 봉변을 당할 것이라고 판단하여 조용히 그곳을 지나갔다. 그러나 그의 제자는 무슨 일이 벌어지고 있는지 깨닫지 못해서 그에게 물었다.

"저 사람들은 저기서 무엇을 하고 있는 거지요?"

"쉿! 저 사람들은 음악을 연주하고 있거든."

"하지만 음악소린 전혀 들리지 않는데요?"

"염려 말아! 음악소리는 내일 들릴 거야!"

생활비를 줄이는 방법

어느 해 겨울, 생활이 매우 어려워진 호디야는 생활비를 줄이는 방법을 고안하기 시작했다. 그래서 그는 자기 당나귀에게 주는 보리의 양을 줄이기로 결정했다.

다음 날부터 당나귀에게 주는 보리를 점차 줄였는데 당나귀는 아무런 불평의 기색도 보이지 않았다. 그래서 결국 평소보다 절반만 주게 되었다. 당나귀는 동작이 느려지고 평소보다 더 조용해졌다. 그러나 호디야는 당나귀가 여전히 건강하다고 생각했다.

그러던 어느 날 그가 마구간에 들어가 보니 놀랍게도 당나귀는 죽어 있었다.

그는 이렇게 탄식했다.

"그거 참 안 됐어! 이놈이 줄어든 여물에 익숙해지지 못한 채 일찍 죽어버렸더라면 나는 이놈에게 주는 여물을 줄이지도 않았을 텐데!"

채소 장사

호디야는 채소를 도매로 사다가 길에서 팔아서 돈을 벌기로 결심했다. 커다란 바구니 두 개에 가득 채소를 담아 당나귀 등의 양쪽에 실은 그는 마을의 거리를 통과하면서 채소를 사라고 외쳤다.

그런데 그가 채소를 사라고 외칠 때마다 당나귀가 힝힝 거리면서 우는 바람에 아무도 그의 목소리를 듣지 못했다.

이윽고 마을 광장에 도착해서 그가 소리치자 당나귀도 울었다. 화가 머리끝까지 뻗친 그가 당나귀를 향해서 소리쳤다.

"이거 봐! 내가 채소를 파는 게 좋겠어? 아니면 널 팔아버릴까?"

꿀단지

여행을 떠나는 한 친구가 호디야에게 큰 항아리를 맡기면서 잘 보관해 달라고 부탁했다. 자기가 돌아오면 그 항아리를 다시 가져가겠다고 그 친구는 말했다.

며칠이 지나자 호기심이 발동한 호디야는 도저히 참지 못하고 뚜껑을 열어보았다. 안에는 꿀이 가득 들어 있었다. 그는 손가락을 찔러 넣어 꿀을 맛보았다. 그러고는 뚜껑을 닫고 자기 일을 계속했다. 그러나 그의 의지력은 그리 강하지 못했다. 드디어 그는 꿀을 모조리 먹어치우고 말았다. 그런 지 며칠 뒤에 주인이 돌아왔다.

"내 항아리는 어디 있지?"

호디야가 빈 항아리를 그에게 돌려주었다. 그러자 그 친구가 소리쳤다.

"아니, 왜 이렇게 가볍지? 내 꿀은 어디 간 거야?"

호디야가 대꾸했다.

"맙소사! 그 질문에 내가 대답할 필요가 없다면 난 얼마나 좋을까!"

폴로 게임

술탄 티무르가 매우 우스꽝스럽게도 호디야를 폴로 게임에 초청했다. 이 게임을 제대로 하려면 날쌔게 달리는 말이 필요하지만 호디야는 동작이 매우 느린 황소를 타고 갔다.

경기장에 모인 모든 사람이 배를 잡고 웃었다. 그래서 술탄이 그에게 물었다.

"호디야! 이 게임을 하려면 당신은 빨리 달리는 말이 필요한데 비틀거리는 황소를 타고 온 이유는 뭐요?"

얼굴이 홍당무가 된 호디야가 대답했다.

"폐하! 전 사실 오랜 세월 동안 폴로 게임을 하질 않아서 게임을 어떻게 하는지조차 잊어버렸거든요."

왜 나만 가지고 야단이오?

호디야 부부는 저녁에 함께 나들이를 마치고 귀가했는데 실망스럽게도 그들의 집은 도둑을 맞은 뒤였다.

아내가 비명을 질렀다.

"이건 모두 당신 탓이에요! 우리가 외출하기 전에 당신은 구석구석 확인하고 문단속을 잘했어야만 하잖아요!"

이웃사람들이 모두 그 말에 동감을 표시하고는 호디야를 비난하기 시작했다.

"창문들은 왜 잠그지 않았지요?"

"무슨 일이 벌어질는지 몰랐나요?"

"자업자득이지요."

그 때 호디야가 그들의 말을 막았다.

"잠깐만! 비난받아야 할 건 나 혼자만이 아니라고요!"

이웃사람들이 이구동성으로 외쳤다.

"당신 말고 또 누가 비난을 받아야만 한단 말이오?"

"그것도 몰라요? 도둑놈들 탓도 있잖아요!"

봄에 관한 불평은 없다

어느 겨울 날, 호디야는 사람들이 날씨에 관해 불평하는 소리를 들었다. 어떤 사람이 그에게 이렇게 말했다.

"어떤 사람들은 만족하는 법이 절대로 없어요. 그들은 항상 불평하고 무엇인가에 대해 투덜거리고는 하지요. 겨울에는 '아니, 왜 이렇게 춥지?' 라고 말하는가 하면 여름에는 '이건 너무 덥잖아!' 라고 말하거든요."

호디야가 대꾸했다.

"그건 그래요. 하지만 그들이 봄에 관해 불평하는 소리를 당신은 들어본 적이 있어요?"

우는 이유도 가지가지다

호디야의 아내가 그에게 화가 뻗쳐서 고춧가루를 잔뜩 친 뜨겁고 매운 국을 마련했다. 그런데 너무나도 배가 고픈 그녀는 그 국이 얼마나 매운지 미처 생각해 볼 겨를도 없이 한 숟가락 떠서 자기 입에 넣었다. 하도 매워서 비명을 지르고 싶었지만 남편이 그 국을 먹지 않을까 염려해서 꾹 참았다. 호디야는 아내가 눈물을 흘리며 우는 것을 보고 물었다.

"여보! 왜 우는 거야?"

"난 가련한 우리 어머니가 이 국을 얼마나 좋아했는지 생각하고 우는 거예요. 어머닌 돌아가셔서 이 세상에 안 계시거든요."

호디야는 아내를 부드러운 말로 위로해 주려고 애쓴 다음에 국을 한 숟가락 떠서 입에 넣었다. 즉시 그의 눈에서 눈물이 흘렀다. 그러자 아내가 물었다.

"당신은 왜 울어요?"

"난 당신의 가련한 어머니는 돌아가셔서 이 세상에 없는 반면에 그녀의 완고하고 무용지물인 딸은 여기 살아 있다는 걸 생각하고 우는 거야!"

적극적인 사고방식

호디야가 당나귀를 잃은 적이 있었다. 사방을 돌아다니면서 당나귀를 찾고 있던 그는 언제나 주님을 찬미했다.

지나가던 사람이 그에게 물었다.

"당신이 당나귀를 잃었다는 얘기는 나도 들었지요. 그런데 왜 이 일 때문에 당신은 주님을 찬미하지요?"

"그건 당나귀가 없어질 때 내가 그걸 타고 있지 않았기 때문이지요."

그가 계속해서 당나귀를 찾아다니고 있는 동안 그의 찬미가는 즐거운 노래로 변했다.

어떤 사람이 물었다.

"즐거운 노래를 부를 이유가 어디 있어요? 당나귀를 잃으면 웃기보다는 우는 게 보통인데요."

"그거야 저 산 너머에서 당나귀를 발견할지도 모른다는 희망이 아직 있기 때문이지요."

그러나 아무리 오랫동안 찾아보아도 당나귀는 발견되지 않았다.

그래서 그는 모든 커피하우스와 모든 광장에 광고문을 내다붙였다. 누구든지 당나귀를 발견하면 그것을 가져도 좋으며 그에게 안장과 고삐까지도 주겠다고 하는 내용이었다.

한 친구가 물었다.

"도무지 널 이해할 수가 없어! 이런 광고문은 왜 붙이는 거야? 설령 당나귀가 발견된다 해도 그건 더 이상 네 것이 아니잖아? 너한테 무슨 이익이 있다는 거야?"

"무엇인가 발견했을 때 얻는 기쁨을 넌 경험해 본 적이 없다는 거야?"

무덤 만드는 일은 아직 끝나지 않았다

나스레딘 호디야가 자기 무덤을 설계하고 공사를 직접 감독했다. 무덤이 완성될 때까지는 오랜 시일이 걸렸는데 그것은 일꾼들이 경험이 부족하고 여러 가지 실수를 했기 때문이다. 마지막 손질을 끝낸 일꾼들이 호디야에게 가서 일이 끝났다고 알렸다.

호디야가 대꾸했다.

"아직 끝나지 않았다고요!"

"뭐라고요? 그럼 무슨 일이 아직 남아 있지요?"

"시체를 그 속에 넣으세요."

도둑을 조심하라

어느 날 소년들이 높다란 나무 아래에서 놀고 있다가 호디야가 다가오는 모습을 보고는 이렇게 음모했다.

"호디야를 속여 먹자! 그가 나무에 올라가도록 만들고 그가 올라간 뒤에 그의 신발을 가지고 달아나자."

호디야가 그들이 있는 곳에 이르자 그들은 춤을 추면서 목청껏 소리치기 시작했다.

"이 나무에는 아무도 못 올라가요! 아무도 이 나무를 올라갈 수 없다고요!"

호디야가 으스대면서 소리쳤다.

"나는 올라갈 수 있어!"

긴 옷자락을 허리띠에 찔러 넣고 신발을 벗은 다음에 그는 신발을 자기 외투 자락 속에 넣었다.

실망한 소년들이 물었다.

"호디야! 신발을 왜 외투 속에 넣어요?"

"애들아! 너희는 자기 물건을 잘 간수하는 법을 아직도 배우지 못했냐? 도둑이 와서 내 신발을 훔쳐갈지 누가 알겠어?"

산을 불러서 오게 하는 사나이

나스레딘 호디야는 자기에게 초능력이 있다고 자랑했다. 사람들은 산을 자기에게 불러와서 그것을 증명해 보이라고 요구했다.

그래서 그가 소리쳤다.

"산이여! 나에게 오라!"

물론 아무 일도 일어나지 않았다. 두 번 세 번 소리쳐 산을 불렀지만 아무 소용이 없었다. 드디어 그는 산을 향해서 걸어가기 시작했다.

어떤 사람이 물었다.

"어디로 가는 거요?"

호디야가 대꾸했다.

"난 그렇게 완고하고 막무가내 식으로 행동하는 사람이 아니라고요. 산이 나에게 오지 않겠다고 한다면 내가 산에게 갈 거에요."

수박이 호두나무에서 자라지 않는 이유

어느 무더운 여름 날, 호디야는 당나귀에서 내려 수박 밭 옆의 호두나무 그늘에서 쉬려고 했다.

잠시 생각에 잠겼던 그가 말했다.

"수박은 이렇게 가느다란 줄기에서 자라고 호두는 이렇게 어마어마하게 큰 나무에서 자라게 만드신 주님의 일은 이 얼마나 이상한가!"

바로 그 때 호두가 하나 떨어져서 그의 머리를 때렸다. 손으로 머리통을 비비면서 그가 말했다.

"주님께서 모든 것을 더 잘 아신다! 수박이 이 나무에서 자랐더라면 난 즉사했을 테니까."

삼십육계 줄행랑

술탄 티무르는 매우 엄격하고 강력한 군주여서 모든 사람이 그를 두려워했다. 어느 날 그가 많은 군대를 이끌고 아크세히르에 이르렀다. 나스레딘 호디야는 자기 고향이 그러한 종류의 침입을 받는 것을 좋아하지 않아서 술탄에 대해 화가 났다. 그래서 그는 술탄을 찾아간 다음 위협적이고 분노에 찬 목소리로 말했다.

"술탄 티무르! 당신과 당신 군대는 이 마을에서 떠날 거요, 안 떠날 거요?"

술탄은 어이가 없어서 그 말이 무슨 뜻인지 물었다.

"당신이 군대를 데리고 이 마을을 떠날 것인지 여부만 말해 보시오! 만일 안 떠나겠다고 한다면 난 나대로 할 일이 있지요."

그 말에 더욱 더 화가 난 술탄이 그에게 고함쳤다.

"내가 만일 떠나지 않는다면, 그래, 당신은 무슨 일을 하겠다는 거요?"

호디야가 즉시 대답했다.

"난 걸음아 날 살려라 식으로 최대한으로 빨리 달려서 달아날 거요!"

위증

호디야의 친구가 밀이 든 자루들을 훔치다가 들켜서 붙잡혔다. 재판을 받아야만 하는 그가 호디야에게 자기를 위해 거짓말을 해 달라고 부탁했다.

재판소에서 질문을 받은 호디야는 보리가 든 자루들에 관해서 자세히 설명하기 시작했다. 얼마 후 재판관이 그의 말을 막고는 보리 자루가 아니라 밀이 든 자루들에 관해 말하라고 지시했다.

그러자 호디야가 쏘아붙였다.

"재판관! 여기 와서 거짓말을 하고 있는데, 그게 보리 자루든 밀 자루든 무슨 상관이 있겠어요?"

외모

어느 날 호디야는 매우 중요한 공식 파티에 초청을 받았다. 그러나 그는 그러한 파티에 어울리는 옷이 아니라 평소에 입던 옷을 입고 갔다. 모든 사람이 그를 경멸하고 하인들은 그에게 음식시중도 들지 않았다.

얼마 후 그는 몰래 그곳을 빠져나가 집으로 돌아갔다. 그러고는 가장 좋은 옷으로 갈아입고 화려한 터번을 둘렀으며 값비싼 비단 외투와 털 외투를 걸치고 보석 등으로 몸을 장식했다.

그가 다시 파티장소에 가자 주인이 그를 자기 옆에 앉히고 가장 맛있는 음식이 든 접시들을 잔뜩 가져오도록 지시했다. 그런데 호디야는 값비싼 털가죽 외투를 벗어서 접시 앞으로 내밀면서 소리쳤다.

"나의 주인님! 어서 드세요!"

주인을 비롯한 모든 사람이 소스라치게 놀랐다. 주인이 물었다.

"호디야! 무슨 일을 하고 있는 거예요?"

"당신은 이 옷을 입은 사람에게 이 음식을 준 게 아니라 바로 이 옷에게 주었다 이거요!"

미리 구경해 두자

어느 조용한 일요일 오후에 호디야가 네거리에 나가서 앉아 있을 때 한 친구가 다가가서 물었다.

"왜 여기 앉아 있지? 아무 일도 벌어지지 않잖아!"

호디야가 대꾸했다.

"하지만 언젠가는 여기서 일이 벌어지고 많은 사람이 몰려들 거야. 막상 일이 벌어지면 나는 가까이 다가가서 구경할 수 없을 테니까 지금 미리 이곳을 구경해 두는 거라고!"

싼 개인 교습

호디야는 언제나 새로운 것을 배우고 싶어 했다. 어느 날 그는 현악기 류트의 연주법을 배우겠다는 생각을 했다.

그래서 음악 선생을 찾아가 물었다.

"개인 교습을 받으려면 얼마를 내야 되지요?"

"첫 달에는 은화 세 개고 그 다음에는 매달 은화 한 개지요."

"그거 참 좋군요! 그렇다면 난 둘째 달부터 시작하겠어요."

누가 알려주었나요?

어느 날 호디야가 숲을 통과하고 있을 때 커다란 짐승이 갑자기 튀어나와서 뛰어갔다. 얼마나 겁에 질렸던지 그는 자기가 죽었다고 확신했다. 그래서 오랫동안 땅바닥에 누워 있었다. 그러나 아무도 그를 운반해 가는 사람이 없었다. 드디어 그는 일어나서 집으로 돌아가 아내에게 자기가 어떻게 죽었는지 설명해 주었다. 그러고는 커피하우스에 갔다.

그의 아내는 남편의 가상적인 죽음에 가슴이 미어져서 큰

소리로 목 놓아 울었다. 그런 다음 이웃사람들에게 달려가서 가련한 남편의 죽음을 알렸다.

사람들이 물었다.

"그는 어디서 죽었지요?"

"마을 바깥에 있는 숲에서요."

"그가 죽었다고 누가 알려주었나요?"

"그는 홀로 죽었어요. 아무도 시체를 운반해 주지 않으니까 가련한 그는 그 사실을 내게 알려주기 위해 우리 집까지 걸어오지 않으면 안 되었다고요."

짓궂은 장난꾼

어느 날 호디야가 대규모 대상을 따라 여행을 떠났다. 그는 많은 사람들 틈에 섞여서 자기가 누군지 사람들이 몰라볼까 염려한 나머지 가지나무를 자기 허리띠에 찼다. 그렇게 하면 사람들이 자기를 알아볼 수 있다고 생각한 것이다.

그러나 어느 날 밤 커다란 천막에서 많은 사람이 자고 있을 때 짓궂은 장난꾼이 그의 가지나무를 빼내어 자기 허리띠에 찼다.

잠에서 깨어난 호디야는 다른 사람의 허리띠에 가지나무

가 있는 것을 보고 어리둥절해져서 이렇게 말했다.

"저기 저쪽에 내가 있군. 그러면 여기 있는 나는 누군가?"

당나귀의 짐을 덜어주는 것이다

호디야가 시장에 가서 커다란 자루에 가득 찰 만큼 감자를 샀다. 그러고는 그 감자 자루를 자기 등에 진 채 당나귀를 타고 집으로 돌아가고 있었다.

도중에 만난 그의 친구가 물었다.

"호디야! 한 손으로는 감자 자루를 잡고 한 손으로는 당나귀 고삐를 잡고 가는 것이 어렵지도 않은가? 그 자루를 왜 당나귀 등에 걸치지 않지?"

"당나귀는 나를 운반하는 것만 해도 큰 짐을 지고 있어. 더 이상 당나귀에게 짐을 지우지 않기 위해서 나는 직접 자루를 지고 가는 거라고."

낙타가 정말 싸기는 싸다

어느 아랍인이 백만 원 짜리 낙타를 잃어버린 다음, 그것을 다시 찾는다면 백 원에 팔겠다고 말했다. 며칠 후 그는 자기 낙타를 다시 찾았다. 그러자 그는 고양이를 한 마리 잡아서 자루에 넣은 다음 그 자루를 낙타 목에 매달았다.

그러고는 낙타를 끌고 시장에 가서 소리쳤다.

"낙타는 백 원이고 고양이는 구십 구만 구천 구백원이요!

낙타와 고양이를 한꺼번에 팝니다!"

장터에 모인 사람들이 수군거렸다.

"낙타가 정말 싸기도 하군! 저 빌어먹을 고양이를 끼워서 팔지만 않는다면 말이야!"

낙타가 정말 싸다는 말은 그 후 아랍어 속담이 되었다고 한다.

우린 둘 다 미쳤소!

술탄이 호디야의 마을을 방문하려고 했다. 그런데 호디야는 술탄 앞에서 어떻게 처신해야 좋을지 몰랐다. 왕궁 관리가 술탄의 평소 질문에 대해 어떻게 대답해야 할지 그에게 가르쳐 주었다. 관리의 말에 따르면 술탄은 그가 그 마을에서 얼마나 오래 살았는지, 그가 몇 년 동안 공부했는지를 물을 것이라고 했다. 그래서 그는 대답을 암기해 두었다.

그러나 술탄은 질문의 순서를 바꾸어서 물었다.

"당신은 몇 년이나 공부했지요?"

"38년입니다, 폐하!"

"나이는 몇이지요?"

"13년입니다."

"뭐라고? 어떻게 그럴 수가 있소? 당신, 미쳤소? 아니면, 내가 미쳤나?"

"우리는 둘 다 미쳤지요, 폐하. 물론 각각 다른 방식으로 미쳤지만 말입니다."

왼손잡이 말

호디야가 대상을 따라 여행을 하려고 준비하고 있었다. 한 사람이 그에게 말을 끌고 오자 그는 오른발을 말의 왼쪽 등자에 끼우고 말에 올라탔다. 결국 그는 말의 머리가 자기 등 뒤에 오는 식으로 거꾸로 말을 탄 것이다.

화가 잔뜩 난 목소리로 그가 외쳤다.

"이봐요! 당신은 나에게 왼손잡이 말을 가져다주었다 이거요!"

나룻배 값의 할인

호디야가 강가에 앉아 있을 때 소경 열 명이 다가와서는 배로 자기들을 건너 달라고 말했다. 그는 동전 열 개를 받고 그들을 건너 주기로 합의했다.

호디야가 그들을 배에 태운 뒤 노를 젓기 시작했다. 그런데 배는 좁았고 그는 능숙하게 노를 젓지 못했다. 배가 흔들리고 기울더니 소경 한 명이 물에 빠졌다. 물이 텀벙하는 소리를 들은 소경이 무슨 일이냐고 물었다.

"아무 일도 아니지요. 자, 이제 당신들은 동전 아홉 개만 내도 돼요."

한 사람보다는 많은 사람이 떠나라

무슨 이유였는지는 이미 오래 전에 잊혀졌지만 아크세히르 주민들은 호디야에 대해 매우 화가 나서 그를 마을에서 추방하고 싶어 했다. 주민들이 촌장에게 불평하자 그는 호디야를 관청에 소환했다.

"호디야! 이 마을의 주민들은 당신을 싫어해요. 그들은 모두 당신이 여길 떠나기를 바라지요."

호디야가 쏘아붙였다.

"오히려 내가 이곳 사람들을 싫어하지요. 내가 정말 마음만 먹는다면 그들을 모조리 악마에게 보내줄 수도 있다고요!"

"당신은 혼자라서 그들에게 중과부적이지요."

"그들의 숫자가 많을수록 해결은 더 쉬운 거지요. 그들은 자기들이 원하는 곳을 어디든지 선택해서 그리로 가고 모두 힘을 합쳐서 마을을 새로 건설할 수 있거든요. 하지만 나 혼자서는, 그리고 이렇게 늙은 나이에, 시골에 가서 새로 집을 짓고 밭을 간다는 것은 말도 안 돼요!"

나한테 묻지 마라

어느 날 호디야가 당나귀를 타고 가고 있을 때 당나귀가 무엇인가에 놀라서 매우 빨리 달려가기 시작했다. 그는 당나귀에서 내릴 수도 없었다. 그 때 멀리서 농부들이 소리쳤다.

"호디야! 왜 그렇게 서둘러요? 왜 그렇게 빨리 달려가는 거지요?"

그가 고함쳤다.

"나한테 묻지 말고 당나귀에게 물어보라고요!"

무일푼

호디야가 커피하우스에 들어선 다음 한 친구에게 말했다.

"난 사흘 동안 아무 것도 먹을 수가 없었어!"

"저런! 이젠 좀 어때? 넌 중병에 걸렸던 게 분명해."

"난 병에 걸린 게 아냐. 파산해서 무일푼이라고!"

터키탕에서 부르는 노랫소리

어느 날 호디야가 터키탕에 갔다. 마침 손님이 자기 혼자였기 때문에 그는 큰소리로 노래를 불렀다. 자기 노랫소리에 도취된 그는 자기 목소리가 매우 뛰어나다고 확신했다.

목욕을 마치고 난 다음 그는 모스크의 첨탑에 올라가서 정오의 기도시간을 알리는 노래를 불렀다. 아래쪽의 광장에 모여 있던 사람들이 소스라치게 놀랐다.

그 가운데 한 사람이 그를 향해서 소리쳤다.

"호디야! 거기서 뭘 하는 거요? 기도시간을 알리는 것은 당신이 할 일이 아니고 또 당신 목소리는 까마귀 소리같아요!"

호디야가 아래를 굽어보면서 거만하게 소리쳤다.

"대리석 벽을 가진 터키탕을 여기 높은 곳에다가 지어 봐
요. 그러면 당신들은 내 목소리가 얼마나 멋진 것인지 알게
될 거요!"

궁술

술탄 티무르는 자기 군대의 궁술 연습장에 호디야를 초청
한 적이 있었다.
호디야가 큰소리를 쳤다.
"저는 궁술이 매우 탁월하지요."
술탄은 그의 말을 믿지 않았다. 그래서 그에게 화살을 몇
대 쏘아보라고 지시했다. 첫째 화살이 완전히 빗나가자 호디
야가 웃으면서 말했다.
"하하하! 이건 하급관리가 쏘는 식이지요!"
둘째 화살도 완전히 빗나가자 역시 호디야가 웃으면서 말
했다.
"하하하! 이건 촌장이 쏘는 식이지요!"
셋째 화살이 과녁에 명중하자 호디야가 웃으면서 말했다.
"하하하! 바로 이게 호디야가 활을 쏘는 식이지요!"

폭풍에 시달리는 범선

한 번은 호디야가 범선을 타고 항해할 때 극심한 태풍이 몰아쳤다. 돛이 마구 펄럭이더니 맨 꼭대기 돛이 찢어졌다. 여러 뱃사람이 허겁지겁 돛대에 올라가 돛을 묶기 시작했다. 호디야는 그들이 무슨 일을 하는지 이해할 수가 없어서 이렇게 말했다.

"무슨 일을 하는 거요? 배가 파도에 까불리는 것을 막으려면 돛을 위에 맬 것이 아니라 바로 맨 아래쪽에 매어야 할 게 아니요?"

새로운 요리법

어느 날 커피하우스에서 새로운 요리를 만들어내는 방법에 관한 이야기가 오갔다. 그 때 호디야가 말했다.

"전에 한 번은 내가 빵과 흰 눈의 요리를 만든 적이 있지요. 하지만 나도 그걸 좋아하지 않았지요!"

놀라운 조짐

무더운 여름 날 호디야가 호숫가에서 가던 길을 멈추고 쉬기로 했다. 그래서 외투를 벗어 당나귀 등에 걸쳐 놓았다.

얼마 후 도둑이 그곳을 지나가다가 호디야의 외투를 훔치고 싶었다. 그러나 그가 외투를 집어드는 순간 당나귀가 울었다.

몸을 돌려서 당나귀를 바라보려던 호디야는 자기 외투를 손에 든 도둑을 보았다. 그래서 소리쳤다.

"놀라운 조짐이다! 대단한 뉴스야! 당나귀의 울음소리에는 반드시 행운이 뒤따르는 법이지!"

그 말에 도둑은 소스라치게 놀라서 외투를 땅에 떨어뜨린 채 달아나 버렸다.

첨탑에 갇힌 사내

호디야가 어린 소년일 때 부모가 그를 데리고 아크세히르에 갔다. 그곳은 그의 고향 시브리히사르보다 큰 도시였다. 그래서 그곳의 모스크도 매우 컸고 첨탑도 매우 높았다. 첨탑 위에서 기도시간을 알리는 소리가 아랍어로 들려왔다. 그는 아랍어를 알아들을 수가 없어서 어떤 사내가 도와달라고 소리치는 줄 알았다.

그래서 이렇게 위를 향해 고함쳤다.

"당신이 도움을 요청하는 줄은 나도 알아요. 하지만 당신은 그렇게 높은 곳에 갇히기 전에 생각을 미리 좀 했어야지요! 당신이 높은 나무에 올라가 있었다면 난 구출해 줄 수 있어요. 하지만 벽이 반들반들한 이 첨답을 내가 어떻게 기어 올라갈 수 있단 말인가요?"

맛있는 과자

어느 날 호디야가 친구와 함께 맛있는 과자 헬바에 관해 이야기를 나누고 있었다. 호디야가 먼저 말했다.

"난 그 과자를 정말 좋아해. 하지만 만들 기회가 없었어."

"왜?"

"우리 집에 밀가루가 있을 때마다 버터가 없었지. 그리고 버터가 있으면 밀가루가 없었거든."

"그럼 밀가루와 버터가 동시에 집에 있던 적이 일 년 내내 한 번도 없었다 이건가?"

"아니야. 때로는 동시에 있었지. 하지만 그 때에는 내가 집에 없었거든."

효과가 대단한 기도

어느 날 밤 침대에 누워 있던 호디야는 도둑이 자기 집의 지붕 위에서 걸어가는 소리를 듣고는 아내에게 큰소리로 말했다.

"여보! 내가 잊어버리고 당신에게 말해 주지 않은 게 있어. 오늘 밤 내가 어떻게 집에 들어 왔는지 말이야. 난 열쇠를 가지고 나가지 않았고 당신은 집에 없었지. 그래서 난 지붕에 올라가 기도를 바친 다음 달빛을 잡고 천천히 침실로 내려왔지."

호디야의 말을 엿들은 도둑은 똑같은 방식을 취하기로 했다. 그도 역시 기도를 바친 다음 달빛을 손으로 잡았다. 결국 도둑은 호디야의 침실 바닥에 쿵 하고 떨어지고 말았다. 온 몸의 뼈가 모조리 으스러지는 것 같았다.

호디야가 재빨리 도둑의 몸에 올라타고는 도망치지 못하게 만들었다. 도둑은 신음소리를 냈다.

"걱정 마! 네가 그렇게 기도할 수 있고 또 그 기도가 실현된다면, 나라도 절대로 도망칠 수가 없을 거야."

이웃마을에 가는 길도 모르다니!

무더운 여름 날, 호디야가 닭들을 닭장에 넣은 뒤 이웃마을을 향해 떠났다. 한참 걸어가던 그는 혼자서 생각했다.

"이 가련한 닭들이 더위를 먹고 죽을지도 몰라. 닭장에서 풀어준 뒤 내 앞에서 걸어가도록 해야지."

그러나 그가 닭들을 풀어주자마자 모두 뿔뿔이 다른 방향으로 흩어졌다. 수탉의 뒤를 쫓아가면서 호디야가 화난 목소리로 고함쳤다.

"넌 무슨 지도자가 이래? 해가 뜨기 전에 캄캄할 때에도 넌 언제 울어야 좋을지 알지. 그런데 이 대낮에 이웃마을에 가는 길도 모른단 말이냐?"

고약한 사내

호디야가 나이가 들자 지팡이를 사용했다. 어느 날 고약한 사내가 더러운 속임수를 써서 그의 지팡이를 부러뜨렸다. 울화통이 터진 호디야가 그에게 호통쳤다.

"그 지팡이는 나의 오른팔과 같아요. 주님께서는 나를 위해 당신에게 복수해 주실 거요! 며칠 후 당신은 다리가 부러질 거요!”

어리석은 그 사내의 얼굴에서 웃음기가 사라졌다. 그는 근심에 싸인 채 호디야의 말을 음미하면서 떠나갔다. 생각에 잠긴 그는 길을 제대로 보지 않다가 그만 돌에 채여 넘어지면서 다리가 부러졌다.

그래서 다리를 절뚝거리며 호디야에게 가서 소리쳤다.

“호디야! 당신은 40일 후에 내 다리가 부러진다고 했지만 난 오늘 당장 다리가 부러졌다 이거요!”

“내 말은 틀림이 없어요. 40일 후에 당신은 다른 쪽 다리도 부러져서 온 세상을 기어 다닐 거요!”

도둑이 반갑다

어느 날 밤 호디야의 집에 도둑이 들었다. 그의 아내가 속삭였다.

“여보! 옆방에 도둑이 들어왔어요!”

호디야가 대꾸했다.

“쉿! 아마도 그는 훔쳐갈 만한 것들을 발견하겠지. 그러면 우리가 그걸 저놈에게서 쉽게 뺏을 수 있다 이거야!”

강철 위장의 사나이

남편이 술병을 테이블 위에 내려놓을 때 아내가 잔소리를
퍼부었다.

"의사가 물만 마시고 술은 먹지 말라고 했잖아요!"

그러자 남편이 태연하게 대꾸했다.

"그야 그렇지. 하지만 의사는 내 위장이 강철판으로 되어
있다고 말했어. 그러니까 내가 물만 마시다가는 위장이 녹슬
어버린단 말이야!

증세의 호전

호디야의 아내가 몹시 심한 병이 들자 그에게 의사를 불러 달라고 말했다. 몹시 걱정이 된 그는 헐레벌떡 밖으로 나가서 창문 밑을 지나가게 되었다.

그 때 아내가 창문으로 머리를 내밀더니 소리쳤다.

"여보! 통증이 사라졌어요! 의사는 이제 필요 없어요!"

그 말을 듣고도 그는 의사에게 달려가서 말했다.

"의사 선생님! 아내가 심한 병에 걸렸다고 하면서 의사를 불러 달라고 했어요. 그런데 내가 집에서 떠날 때 아내는 중세가 좋아졌다고 하면서 의사가 필요 없다고 말했지요. 그래서 난 당신이 굳이 우리 집에 올 필요가 없다는 사실을 알려 주려고 여기 왔다 이거요!"

금화

호디야가 커피하우스에서 차를 마실 때 낯선 사내가 들어오더니 그에게 물었다.

"호디야! 이 금화를 잔돈으로 좀 바꾸어줄 수 있겠어요? 난 잔돈이 필요해요."

호디야는 마침 가진 돈이 전혀 없었지만 그 사실을 친구들 앞에서 드러내기가 싫었다. 그래서 금화를 받아든 뒤 자세히 살펴보고 나서 대꾸했다.

"이건 무게가 모자라요. 액면 가격으로는 바꾸어줄 수가 없어요."

"그럼 당신이 판단하는 액수대로 바꾸어 주세요."

"하지만 이건 무게가 정말, 정말 적게 나간다 이거요."

"맙소사! 난 정말 잔돈이 절실하게 필요해요. 아무리 적은 금액이라도 당신 마음대로 바꾸어 주세요."

호디야는 그가 곧 포기할 것 같다고 판단했고 자기 체면도 잃고 싶지가 않아서 이렇게 대꾸했다.

"이건 무게가 정말 적게 나가서 내가 만일 잔돈으로 바꾸어준다면 당신은 내게 빚을 질 거요."

욕심을 채우려 하지 마라

호디야는 뿔이 매우 긴 물소를 한 마리 가지고 있었다. 그는 마치 옥좌에 앉는 것처럼 그 뿔 위에 앉아보고 싶었지만 겁이 나서 그렇게 하지 못했다.

어느 날 물소가 그의 옆에서 길게 몸을 눕히고 있었다. 그는 뿔 위에 앉아보고 싶은 충동을 도저히 억제하지 못해서 뿔에 걸터앉았다. 물소는 즉시 벌떡 일어서더니 그를 땅바닥에 내동댕이쳤다.

허리를 몹시 다친 호디야가 소리쳤다.

"사람이란 욕심을 채우려다가 때로는 봉변을 당해야만 하는 거다!"

외출 중인 성주

호디야가 자선기금을 구하기 위해 성주를 찾아가서 성문을 지키는 문지기에게 이렇게 말했다.

"호디야가 찾아와서 자선기금을 청한다고 성주에게 보고하시오."

문지기가 안으로 들어갔다가 나와서 대꾸했다.

"죄송하지만 성주님은 외출 중이오."

"그래요? 그렇다면 내 말을 전해 주시오. 그는 한 푼도 기부하지 않았어도 한 가지 좋은 의견은 무료로 받을 수가 있다고 말이오! 다음번에 외출할 때는 창문에서 내다보는 얼굴은 뒤에 남겨두지 말고 외출하라고 하시오. 누군가 와서 그 얼굴을 훔쳐갈지도 모르니까!"

내 말이 맞을지도 모른다

호디야가 길을 가고 있을 때 몇몇 아이들이 그에게 돌을 던졌다. 그가 아이들을 바라보면서 말했다.

"돌을 그만 던지면 내가 흥미 있는 이야기를 해줄 테다."

그래서 아이들이 돌을 버리고 그에게 물었다.

"자, 말해 주세요!"

그는 즉석에서 속임수를 생각해 냈다.

"시장이 지금 파티를 열고 있는데 너희 모두가 초청되었어."

그 말을 들은 아이들은 매우 기뻐하면서 시장 관저를 향해 달려갔다. 호디야는 자신의 재빠른 기지에 스스로 감탄하다가 잠시 후 이렇게 생각했다.

"나도 거기 가보는 게 좋겠어. 어쩌면 내 말이 맞을지도 모르거든."

날마다 축일이라면

어느 마을을 지나가던 호디야는 모든 사람이 즐겁게 먹고 마시고 춤추는 것을 보고 놀라며 감탄했다.

“얼마나 행복한 마을인가! 내가 사는 곳의 사람들은 굶주
리고 있지 않은가!”

그 말을 들은 한 사람이 대꾸했다.

“사실은 형편이 여기도 같아요. 하지만 오늘은 특별한 축
일이지요. 모든 사람이 오늘을 위해 저축했다가 오늘 하루를
즐기는 거라고요.”

한참 동안 생각에 잠겼던 호디야가 중얼거렸다.

“날마다 축일이 계속된다면 모든 사람이 오늘처럼 즐거울
테고 아무도 굶주리지 않을 텐데!”

어머니 말에 복종해라!

호디야가 애용하던 당나귀가 죽어서 그는 다른 당나귀를
사려고 시장에 갔다. 자세히 살펴 힘세고 건강한 당나귀를
골라서 산 다음 집으로 돌아가고 있었다. 그러나 호디야도
모르던 사실이 있었다. 그에게 당나귀를 판 두 사람은 도둑
이었던 것이다.

그들은 호디야의 뒤를 몰래 따라가다가 아무도 보는 사람
이 없을 때 호디야가 당나귀를 끌고 가는 줄을 끊어버렸다.

한 도둑은 그 당나귀를 시장에 다시 끌고 갔고 다른 도둑

은 끈을 자기 목에 감은 채 호디야를 얌전하게 따라갔다. 그래서 호디야는 무슨 일이 벌어졌는지 몰랐다.

집에 도착해서 뒤를 돌아다 본 호디야는 자기 뒤에 당나귀 대신에 사람이 서 있는 것을 보았다. 그래서 고함쳤다.

"당신은 여기서 뭘 하는 거요?"

도둑이 대답했다.

"나는 어머니 말에 복종하지 않아서 그 벌로 당나귀로 변했었지요. 그런데 정직하고 선한 사람에게 팔렸기 때문에 다시 사람으로 돌아온 거지요."

"저런! 그렇다면 당신 어머니에게 돌아가시오. 그리고 다시는 복종하지 않는 일이 없도록 하시오!"

다음 날 호디야가 다시 시장에 갔다. 전날 자기가 샀던 그 당나귀가 다른 도둑 옆에 서 있는 것을 본 그가 화난 목소리로 당나귀에게 소리쳤다.

"이 바보야! 어머니에게 복종하지 않는 일이 다시는 없도록 하라고 내가 말했잖아!"

거울에 비친 추한 모습

나스레딘 호디야가 길을 가다가 도랑에서 무엇인가 반짝이는 물체를 발견했다. 달려가서 그것을 집어보니 그것은 금속으로 만든 거울이었다.

거울을 들여다보던 그가 중얼거렸다.

"사람들이 이걸 버린 건 당연해. 이렇게 추하게 생긴 모습이나 비추어주는 거울이라면 나라도 버리겠어!"

어설픈 기도에 혼이 나다

호디야가 매우 오랜 여행을 마치고 집으로 돌아가고 있었다. 뜨거운 태양 아래에서 여러 시간을 걸어간 탓에 매우 지쳤다. 그래서 올리브 나무 그늘 아래에서 쉬어가기로 했다. 그는 걸음을 멈추고 간절히 기도했다.

"주님, 저는 너무나도 여행에 지쳐 있습니다. 당나귀를 한 마리 보내 주세요."

그러고는 눈을 들어 바라보니 어떤 젊은이가 말을 타고 오는데 어리고 튼튼한 당나귀를 끌고 오는 모습이 보였다. 그는 내심 몹시 기뻤다.

그런데 그에게 가까이 다가온 젊은이는 그의 얼굴을 똑바로 쳐다보면서 화난 목소리로 물었다.

"어이! 게으름뱅이! 거기 나무 그늘 아래 앉아서 뭘 하고 있는 거야? 내 어린 당나귀가 이 무더위에 지쳐버렸으니 다음 마을까지 당신이 좀 끌어다 주어야겠어!"

그 말을 들은 호디야는 어머어마한 충격을 받았다. 처음에는 거절하려고 했지만 지팡이로 얻어맞을까 두려웠다. 별 수 없이 그는 젊은이의 당나귀를 어깨에 메고 가지 않으면 안 되었다.

몇 시간을 걸었는지도 모른다. 어쨌든 드디어 그들은 다음 마을에 도착했다. 잔인한 젊은이는 고맙다는 말조차 하지 않은 채 그냥 가버렸다.

기진맥진해서 땅바닥에 푹 쓰러진 호디야가 말했다.

"좋아요, 주님! 오늘 한 가지 교훈을 받았어요. 앞으로는 매우 자세하게, 매우 구체적으로 기도하겠어요!"

정신 나간 물파이프의 입

호디야가 멀리 산책을 나갔다. 그는 무더운 날씨 탓에 목이 몹시 말랐다. 구멍이 나무 마개로 막힌 수로의 파이프를 발견한 그는 허리를 굽힌 채 입으로 나무 마개를 물어서 뺐다. 물이 왈칵 쏟아져 나오는 바람에 그는 뒤로 벌렁 나자빠졌다.

벌떡 일어난 그가 파이프를 향해 고함쳤다.

"아이고! 사람들이 네 입에 왜 마개를 처박아 두었는지 이제야 알겠다! 그런데 넌 아직도 정신을 차리지 못했단 말이냐?"

기가 막힌 대답

지붕 위에서 호디야가 일을 하고 있을 때 어떤 사람이 그의 집 문을 노크했다.

그가 아래를 내려다보면서 물었다.

"이봐요! 무슨 일이요?"

"이리 내려오면 말해 주겠어요."

그래서 호디야가 사다리로 아래에 내려가서 그 사람과 마주 섰다. 낯선 사내가 말했다.

"돈을 좀 주세요."

깜짝 놀란 호디야가 사내에게 대꾸했다.

"나하고 지붕에 올라갑시다."

사내가 호디야를 따라 사다리를 타고 지붕에 올라갔다. 이 윽고 호디야가 말했다.

"난 줄 수 없어요!"

무슨 일인데 흥분하는 거요?

한 달 이상이나 오랜 여행을 마치고 호디야가 집으로 돌아가고 있었다. 자기 마을에 도착한 그는 수백 명의 사람들이 마을 광장에 모여 있는 것을 보았다.

그래서 지나가는 사람에게 물었다.

"무슨 일이지요?"

"아니, 당신은 모르나요? 어떤 사람이 메카에 순례를 갔다 와서 여행 이야기를 하고 있는데 메카에는 사람이 수천 명이나 된다는 거예요!"

그러자 호디야가 한 마디 던졌다.

"저렇게 흥분하는 걸 보니 난 메카가 이리로 옮겨 온 줄 알았지요!"

술탄의 꿈

술탄 티무르는 참으로 나쁜 버릇이 있었다. 꿈에 자기가 누군가에게 화를 내면 다음날 그 사람을 찾아내서 반드시 죽이는 것이었다.

호디야가 그러한 말을 듣고는 겁이 나서 아크세히르를 떠나려고 했다. 그러나 친구가 찾아가서 그를 말렸다.

"호디야! 우리만 남겨두고 떠나지는 말아! 술탄을 진정시킬 수 있는 사람은 너밖에 없잖아! 네가 떠나버리면 우린 어떡하란 말이야?"

하지만 호디야는 아랑곳하지 않은 채 당나귀를 타고 그곳을 떠났다.

얼마 후 뒤를 돌아다보면서 혼잣말로 중얼거렸다.

"이제부터는 다른 사람이 술탄을 돌보라고 해. 설령 내가 낮에 그를 진정시킨다고 해도 꿈속에선 그에게 영향력을 발휘할 수가 없잖아!"

망신당할 뻔한 판사

어느 날 밤 시브리히사르의 판사가 만취해서 도랑에 빠졌다. 그는 멋진 비단 외투와 터번을 벗어던지고는 거의 나체 상태에서 쓰러져서 잠이 들었다.

얼마 후 호디야와 그의 제자 아흐메트가 우연히 그 길을 지나가다가 판사가 자는 것을 보고 외투와 터번을 가지고 가 버렸다.

이윽고 잠이 깨서 정신을 차린 판사는 허겁지겁 집으로 돌아간 다음 하인들에게 마을을 뒤져서라도 잃어버린 외투와 터번을 찾아오라고 지시했다.

다음 날 판사의 외투를 걸치고 있는 호디야가 하인들에게 발견되었다. 그는 즉시 판사 앞에 끌려가서 심문을 받았다.

판사가 물었다.

"지금 당신이 입고 있는 외투는 당신 물건이오?"

"아닙니다."

"그런데 어떻게 당신이 지금 입고 있는 거요?"

"어젯밤에 나는 제자인 아흐메트와 함께 교외의 길을 걸어가고 있었지요. 그러다가 모든 선량한 이슬람 교도들에게는 수치스러운 장면을 목격하게 되었지요. 어느 죄인이 술에 만취해서 거의 발가벗은 몸으로 도랑에서 자고 있었다 이겁니다. 그건 참으로 모든 신도들에게 부끄러운 장면이었지요. 나는 술에 곯아 떨어진 그놈이 벗어던진 이 비싼 외투와 터번을 도둑놈들이 훔쳐갈까 봐 걱정이 된 나머지 집어다가 보관하고 있는 중이지요. 만일 그 못된 놈이 나타난다면 나는 이걸 기꺼이 다시 돌려줄 작정이지요.”

판사가 그의 말을 막았다.

“아니, 그렇게 수치스러운 장면을 보여준 사내가 다 있단 말이오?난 더 이상 이 일에 관여하지 않겠소!”

결국 판사는 자기 외투와 터번을 영영 포기하고 말았다.

예언자의 말을 믿어라

호디야는 나무에 올라가 톱으로 가지를 자르고 있었다. 지나가던 사람이 올려다보니 그는 바로 자기가 걸터앉은 가지를 자르고 있었다.

그래서 소리쳤다.

“톱질을 계속한다면 당신과 그 나뭇가지가 함께 떨어질 거요!”

호디야는 그 말에 아랑곳 하지 않은 채 톱질을 계속했다. 드디어 가지가 잘리고 그는 땅바닥에 쿵 하고 떨어졌다.

벌떡 일어난 그는 다리를 절면서 아까 소리친 그 사내의 뒤를 좇아가 이렇게 말했다.

"이봐요! 내가 보니 당신은 예언자라고요. 내가 떨어질 걸 알았으니 내가 언제 죽을 것인지도 분명히 당신은 알고 있을 거요."

낯선 그 사내는 어이가 없어서 간단히 둘러댔다.

"당신 당나귀가 한 번 울면 당신 영혼의 절반이 당신 몸을 떠날 거요. 당나귀가 두 번 울면 그 때 당신은 죽을 거요."

그 말에 호디야는 엄청난 충격을 받았고 또 걱정이 태산 같아졌다.

그는 당나귀에 등에 장작을 잔뜩 실은 다음 집으로 돌아갔다. 도중에 당나귀가 한 번 울었다. 그는 얼굴이 창백해지면서 몸에 기운이 빠지는 것을 느꼈다.

당나귀가 두 번 울자 그는 땅바닥에 쓰러지면서 외쳤다.

"나는 죽었다!"

그는 눈을 감은 채 그 자리에 누워 있었는데 얼마 후 마을 사람들이 그를 발견했다. 그의 얼굴이 너무나도 창백했기 때문에 그들은 그가 죽었다고 생각했다. 그래서 나무로 만든 관을 준비해다가 그를 관에 넣어 길을 따라 운반했다. 갈림 길에서 그들은 어느 쪽으로 가야 좋을지에 관해 논쟁을 하기 시작했다.

흔들리는 관 속에서 이미 심하게 고생을 한 호디야는 더 이상 참을 수가 없어서 관밖으로 머리를 내민 다음 소리쳤다.

"내가 살아 있을 때는 왼쪽 길로 갔다고요!"

부부싸움을 좀 더 자주 하자!

어느 날 호디야가 부부싸움을 했다. 호디야는 화가 머리끝까지 뻗쳤다. 겁이 난 아내는 옆집으로 피신했다. 그런데 마침 옆집에서는 결혼 피로연이 열리고 있었다. 그 집의 주인은 호디야의 아내를 최대한의 성의를 베풀어 위로해 주었다.

얼마 후 호디야가 아내를 찾으러 그 집에 갔다. 그도 역시 주인의 극진한 대접을 받았기 때문에 그는 모든 일을 잊어버리고 말았다.

그러다가 자기가 아내 옆에 앉아서 맛있는 음식을 먹고 있다고 깨달아 아내에게 이렇게 말했다.

"여보! 이거 정말 맛있군 그래! 앞으로 부부싸움을 좀 더 자주 하자고!"

안장 없는 말을 타고 달리기

커피하우스에서 호디야가 친구들과 함께 말 타기에 관해 이야기를 나누고 있었다.

호디야가 의기양양하게 큰소리쳤다.

"내가 젊었을 때 일인데 말이야. 한 사내가 야생마를 잡아 왔는데 아무도 그 말을 타고 달릴 수가 없었어. 사람이 등에 타기만 하면 그 말은 발광을 하면서 등에 탄 사람을 떨어뜨려 버렸거든. 많은 젊은이들이 시도했지만 모두 실패했어. 드디어 사람들이 나더러 시도해 보라고 하더군. 그 당시 난 기운이 셌고 몸도 좋았지. 그래서 난 말의 갈기를 손으로 잡은 다음 훌쩍 올라탔다 이거야."

바로 그 때 예전의 현장에서 호디야를 보았던 사람이 커피 하우스 안으로 들어섰다. 호디야의 친구들이 흥분해서 소리쳤다.

"호디야! 말을 계속해! 계속해 보라고!"

그러자 호디야는 낮은 목소리로 대꾸했다.

"그랬더니 그놈의 말이 나를 날려버렸어."

십 리 밖의 촛불로 몸을 녹이다니!

엄청나게 추운 겨울 날 호디야와 그의 친구들은 내기를 했다. 친구들은 이렇게 말했다.

"밤새도록 네가 마을 광장에서 꼼짝도 하지 않은 채 서 있는다면, 그리고 인위적 수단을 동원해서 몸을 절대로 녹이지 않는다면, 우리가 맛있는 저녁을 한 턱 내겠어. 그 일을 네가 실패한다면 네가 우리에게 한 턱 내야 돼."

"좋아! 난 해낼 거야!"

눈과 서리가 쌓인 광장에서 그는 밤에 꼼짝도 하지 않은 채 서 있었다. 아침이 되자 그는 의기양양하게 친구들에게 가서 말했다.

"내가 이겼어!"

"밤새도록 어떻게 지냈는데?"

"난 광장에서 밤에 조용히 서있었어. 거의 얼어 죽을 지경이었지만 동태 신세는 면했지."

한 친구가 말을 막았다.

"그럴 리가 없어!"

"정말이야. 밤 열두 시에 난 십 리나 멀리 떨어진 어느 창문에 비치는 촛불의 불빛도 보았다고!"

친구들이 입을 모아 소리쳤다.

"그렇다면 넌 졌어! 넌 그 불빛으로 몸을 녹인 거야!"

호디야가 항의했지만 그들은 들은 척도 하지 않았다. 그래서 그는 할 수 없이 그들을 자기 집에 초청했다.

친구들이 모두 그의 집으로 몰려가서 유쾌하게 농담을 하면서 음식이 나오기를 기다렸다. 그런데 아무리 오래 기다려도 음식은 식탁에 나오지 않았다. 세 시간이 지난 뒤 그들은 부엌에 들어가 요리가 준비되고 있는지 보았다. 매우 큰 냄비가 작은 촛불 위에 매달려 있었다.

그들이 모두 고함쳤다.

"호디야! 이게 뭐야? 이렇게 작은 촛불이 이렇게 큰 냄비를 도대체 어떻게 끓일 수가 있다는 거야?"

"그게 가능한 일이라고 너희는 내가 믿도록 만들었어. 십 리 밖의 촛불로 내가 몸을 녹일 수가 있다면, 한 자 밖에 떨어지지 않은 이 촛불도 이 냄비를 끓일 수가 있고말고!"

모처럼 아버지 말에 순종했더니

호디야는 소년시절에 매우 고집이 세고 부모의 말에 복종하지 않았다. 아버지의 지시에도 따르지 않아서 오른쪽으로 가라고 하면 왼쪽으로 가고는 했다.

어느 날 그는 아버지와 함께 방앗간에 가서 커다란 밀가루 자루들을 당나귀 등에 실었다. 집으로 돌아가는 길에 좁은 다리에 이르렀는데 당나귀는 무거운 짐을 너무 많이 졌기 때문에 그 다리를 건너갈 수가 없었다.

아버지는 당나귀를 끌고 냇물을 건너가면서 자기 발을 물에 적시기가 싫었다.

"난 다리를 건너갈 테니 넌 무슨 수를 써서라도 당나귀를 끌고 냇물을 건너와라."

호디야는 아버지의 말대로 당나귀를 끌고 냇물을 건너기 시작했다. 그런데 아버지가 보니까 짐이 너무 오른쪽으로 쏠려서 좀 더 깊이 들어가면 자루들이 물에 빠질 것만 같았다. 그래서 소리쳤다.

"얘야! 당나귀 등의 자루들이 수평으로 놓이지 않도록 해라!"

"아빠! 난 여러 해 동안 아빠 말에 따르지 않을 걸 후회해요. 그래서 이번에는 즉시 아빠 말을 따르겠어요!"

물론 한쪽으로 기운 자루들은 모두 물에 빠지고 말았다.

날 귀찮게 굴지 말아요!

호디야가 물웅덩이에 빠질 뻔했다. 마침 곁에 있던 사람이 그를 붙잡아서 그가 물에 빠지지 않도록 해주었다. 그 후 그 사내는 호디야를 만날 때마다 자기가 해준 좋은 일을 상기시키고는 했다.

그런 일이 여러 번 반복되자 호디야는 그를 그 물웅덩이에 데리고 갔다. 그러고는 물에 뛰어든 다음 수면 위로 간신히 머리를 든 채 말했다.

"당신이 나를 붙잡아주지 않았더라면 난 이렇게 물에 흠뻑 젖었을 거요. 그러니까 이제부터는 날 가만히 내버려두고 귀찮게 굴지 말아요!"

아랍어 선생

호디야는 친구가 아랍어를 배우고 싶어 해서 가르쳐 주기로 했다. 그러나 사실 호디야 자신도 아랍어는 단어 몇 개밖에 몰랐다. 이윽고 수업이 시작되었다.

"자, '뜨거운 수프' 라는 말부터 시작하자."

"그 말이 뭔지 모르겠어. '찬 수프' 는 아랍어로 뭔가?"

"이거 봐! '찬 수프' 라는 말은 절대로 사용하지 말라고. 아
랍인들이 좋아하는 수프는 언제나 뜨거운 것이거든!"

좋은 아이디어가 있다

호디야는 단독주택에서 다른 사람과 함께 살지 않으면 안
되었다. 얼마 후 그는 좋은 아이디어가 떠올랐다. 집을 반 채
만 팔기로 하고 부동산 중개업자를 불렀다.
중개업자가 그에게 말했다.
"요즈음은 부동산 경기가 나빠요. 그런데 왜 반 채만 팔려
고 하지요?"
호디야가 태연하게 대꾸했다.
"난 다른 사람과 함께 한 집에서 살기가 싫거든요. 그래서
반 채를 팔아 나머지 반 채를 사려는 거요."

궁전의 크기도 늘었다 줄었다 한다

페르시아의 부자가 아크세히르에 와서 페르시아 왕의 어마어마한 궁전을 자랑했다. 대지가 수천 평이나 되는 그 궁전에는 커다란 방이 이백 개가 넘는다고 큰소리쳤다.

호디야가 그의 말을 가로막고 한 마디 던졌다.

"아, 그런 정도라면 그건 새 발의 피에 불과해요! 당신은 우리나라의 수도 부르사에 술탄이 지은 궁전을 보았어야만 해요. 술탄의 그 궁전은 길이가 4킬로미터나 되지요."

바로 그 때 술탄의 궁전을 구경하고 돌아오던 다른 페르시아인이 그 자리에 나타났다.

호디야가 말을 계속했다.

"그리고 폭은 40미터가 된다고요!"

페르시아 왕의 궁전을 자랑하던 사람이 물었다.

"그거야 말로 세상에서 가장 괴상하게 생긴 궁전이군요. 길이와 폭이 그토록 불균형을 이루게 만들 이유는 무엇이지요?"

호디야가 대꾸했다.

"원래는 가로와 세로가 같기로 되어 있었지요. 하지만 당신 친구가 부르사에서 갑자기 돌아오는 바람에 그렇게 된 거라고요."

사과 깎는 칼

술탄 티무르가 다스리던 시절에는 아무도 칼을 가지고 다닐 수가 없었다.

어느 날 군인들이 나스레딘 호디야의 몸을 수색한 결과 그가 매우 큰 칼을 가지고 있는 사실이 드러났다.

장교가 고함쳤다.

"칼을 가지고 다니는 것이 왕의 명령에 위반된다는 걸 모르시오?"

"하지만 이건 내가 사과를 깎을 때 쓰는 거라고요."

"그럼 왜 이 칼이 이렇게 큰 거요?"

"그야 내가 큰 사과를 좋아하니까 그렇지요."

곧 굶어 죽을 거룩한 학자

단식기간인 라마단 달에 호디야는 여러 마을을 돌아다니면서 자선기금을 모금하는 한편, 모스크에서 기도를 지도하는 직책을 맡고 싶어 했다. 그러나 아무도 그에게 돈도 주지 않았고 어느 마을에서도 그를 기도 지도자로 모시려고 하지 않았다.

　그가 일곱 번째 마을에 도착했을 때 많은 사람들이 흥분해서 모여 있었다. 그들은 여우가 지난 여러 달 동안에 수많은 닭과 오리와 칠면조를 훔쳐다가 죽인 이야기를 그에게 해주었다. 드디어 그 여우를 잡았는데 어떤 고문을 해서 여우를 죽여야 마땅한지에 관해서 격론을 벌이는 중이었다. 그들은 자기들이 입은 모든 피해에 대한 복수를 바랐다. 그래서 호디야의 조언을 구했다.

　"이 사건은 나에게 맡겨주시오!"

　그의 흰 수염을 보고 자신만만한 목소리를 들은 그들은 여우의 운명을 호디야에게 맡겼다. 호디야는 자기 옷을 벗어서 여우에게 입히고 자기 터번도 여우 머리에 씌운 다음에 여우를 놓아주었다.

　여우가 숲속으로 달아나는 것을 본 마을 사람들이 화가 나서 소리쳤다.

　"아니! 이게 무슨 짓이란 말이오!"

　호디야가 태연하게 대꾸했다.

　"걱정 말아요! 누구든지 저 여우를 보는 사람은 그가 직업을 구하고 있는 거룩한 학자로 여길 거요. 그리고 그 학자는 일주일 안에 굶어죽고 말테니까 정말 아무 염려도 하지 말라고요!"

초상에 대비하라

나스레딘 호디야가 죽은 자를 애도하는 검은 두루마기를 입은 채 침울한 표정으로 길을 걸어갔다.

친구가 다가가서 물었다.

"호디야! 누군가가 죽었나?"

"내가 아는 사람이 죽은 건 아니야. 하지만 내가 아는 누군가가 죽을 경우에 대비해서 미리 입고 있는 거라고!"

옷을 입느라고 입었는데

어느 날 호디야는 늦잠을 바는 바람에 약속 시간을 훨씬 지나치고 말았다. 침대에서 벌떡 일어나 집을 뛰쳐나간 그는 발가벗은 채 거리를 질주했다. 농부들이 그를 보고 이유를 물었다.

그는 이렇게 대꾸했다.

"난 하도 급하게 옷을 입는 바람에 그만 옷을 잊어버리고 말았다고요!"

주님의 뜻이라면 재단사는 언제나 바쁘다

호디야가 천을 사가지고 재단사에게 가서 말했다.

"내 몸의 치수를 잰 다음 이 천으로 빨리 셔츠를 만들어 주세요!"

재단사가 그의 몸 치수를 재고 나서 말했다.

"난 바빠요. 당신 셔츠는 금요일에 찾아가세요. 주님의 뜻이라면 그 때까지는 완성될 겁니다."

호디야가 금요일에 재단사에게 가자 재단사는 이렇게 말했다.

"당신 셔츠가 아직 다 안 됐어요. 미안해요. 주님의 뜻이라면 월요일에는 다 될 거예요."

호디야가 월요일에 찾아갔는데 여전히 셔츠는 완성이 되지 않은 상태였다.

"목요일에 다시 와 주세요. 주님의 뜻이라면..."

"당신은 도대체가, 주님의 뜻이라면, 얼마나 더 오래 이걸 붙들고 있을 거요?"

요리 냄비가 죽다니!

어느 날 호디야가 이웃사람에게 가서 요리 냄비를 빌렸다. 머칠이 지난 뒤 그는 요리 냄비 안에 작은 커피 깡통을 하나 넣어서 이웃사람에게 돌려주었다. 이웃사람이 커피 깡통을 손으로 가리키면서 물었다.

"이건 뭐지요?"

"아, 그건 요리 냄비가 우리집에 있는 동안 그걸 낳았다고요!"

이웃 사람은 더 없이 기분이 좋아져서 요리냄비와 그 안에 든 커피 깡통을 받았다.

얼마 후 호디야가 그 요리 냄비를 다시 빌렸다. 그런데 이번에는 돌려주지 않았다. 그래서 이웃 사람이 찾아가서 요리 냄비를 돌려달라고 요구했다.

호디야가 대꾸했다.

"돌려줄 수가 없군요. 당신 요리 냄비는 죽었으니까요."

"죽다니요? 요리 냄비가 어떻게 죽을 수가 있어요?"

"왜 안 죽어요? 냄비가 커피 깡통을 낳았다고 당신은 믿지 않았나요? 그런데 냄비가 죽었다는 말은 왜 믿을 수가 없다는 거요?"

어린 시절로 돌아간 터번

어느 날 저녁 호디야는 집으로 돌아가는 도중에 길에서 노는 아이들을 발견했다. 그는 돌 위에 앉아서 그들이 노는 모습을 구경했다.

그런데 한 장난꾸러기가 그의 터번을 벗겨서 다른 아이들에게 던졌다. 그가 벌떡 일어나서 아이들에게 터번을 돌려달라고 소리쳤다. 그러나 아이들은 터번을 들고 빙글빙글 돌면서 뛰어다니기만 했다.

호디야는 늙은 나이에 아이들을 붙잡을 수 없다고 깨닫고는 터번을 찾기를 포기한 채 집으로 돌아갔다.

깜짝 놀란 아내가 물었다.

"터번이 없으니 어떻게 된 거예요?"

"아, 그거? 터번은 우리 이웃집 아이들과 밖에서 놀기 위해 어린 시절로 돌아가고 싶어 했어."

보상금

어느 날 호디야가 매우 아름답고 비싼 터번을 잃어버렸다. 한 친구가 물었다.

“넌 마음이 많이 상했겠지?”

“천만에 말씀! 난 그걸 다시 찾을 거라고 확신해. 누구든지 그걸 발견해서 돌려주면 내가 은화 반개를 보상금으로 주겠다고 했거든.”

“하지만 그걸 찾아내는 사람은 그 정도 시시한 상금을 받고는 네게 돌려주지 않을 거야. 그 터번은 네가 건 보상금의 백배도 넘을 만큼 비싼 거니까.”

“그야 나도 터번의 가격은 생각해 보았지. 하지만 난 그 터번이 진짜 터번과는 달리 모조품이라서 싸구려라고 이미 선언했거든!”

어리석기 짝이 없는 여자

호디야는 거룩한 학자였기 때문에 사람들에게 다른 예언자들에 관해 이야기를 해주고는 했다. 그는 예수가 천당에서 어떻게 살고 있는지 자세히 설명하기 시작했다. 호기심 많은 한 부인은 예수가 천당에서 무엇을 먹는지 알고 싶어서 호디야에게 그것을 가르쳐 달라고 말했다.

그는 그 마을에서 한 달 동안 머물고 있었는데 아무도 그에게 먹을 것을 준 적이 없었다. 그래서 화가 잔뜩 난 목소리로 그가 대꾸했다.

"당신은 정말 어리석기 짝이 없는 여자라고요! 지난 한 달 동안 내가 무엇을 먹고 살아 있는지조차 나한테 물어보지도 않으면서 예수가 천당에서 무엇을 먹고 있는지는 무엇 때문에 알고 싶어 하는 거요?"

모든 일은 다 가능하다

어느 날 호디야의 이웃 사람이 그의 집에 가서 잡담을 하려고 했다. 그러나 호디야는 그와 잡담을 하기 싫어서 아내에게 자기가 외출하고 없다는 말을 하라고 일렀다.

대문 앞에서 이웃사람이 항의조로 말했다.

"아니! 조금 전에 그가 이 집에 들어가는 걸 내가 봤다고요!"

창가에 앉아서 그의 말소리에 귀를 기울이고 있던 호디야는 그가 자기 아내의 말을 믿지 않는 데 대해 화가 났다. 그래서 창문을 열고 소리쳤다.

"이런 바보가 다 있나? 우리집에는 앞문과 뒷문이 있는 것도 모른단 말이오? 내가 앞문으로 들어갔다면 뒷문으로 나가는 것이 왜 불가능하다는 거요?"

눈치도 없는 빵집 주인

어느 날 호디야가 시브리히사르에 도착했는데 몹시 배가 고팠고 지칠 대로 지쳐 있었다. 어느 빵집 앞을 지나칠 때 갓 구워낸 빵의 냄새가 그의 콧구멍을 자극했다.

그래서 그가 주인에게 물었다.

"이 파삭파삭한 갈색 빵은 하늘에서 내려온 만나와도 같군요. 당신 건가요?"

"그래요. 모두 내 거요."

"침을 흘리게 만드는 이 꿀 빵들은 낙원의 빵과도 같고 예언자 마호메트에게 딱 어울리는 것이군요. 이것도 당신 거요?"

호디야는 빵집 주인이 자기 말의 의도를 알아차리기를 바랐다. 그러나 예상이 빗나갔다.

"그래요. 모두 내 거요."

호디야는 볼멘 소리로 쏘아붙였다.

"이 모든 것이 당신 거라면, 도대체 당신은 뭘 기다리고 있는 거요? 빨리 다 먹어치우란 말이오!"

술탄의 몸값

어느 날 술탄 티무르가 나스레딘 호디야에게 물었다.

"나의 몸값은 얼마나 된다고 보는 거요?"

술탄은 어마어마한 액수를 기대했는데 호디야의 대답을 듣고 충격을 받았다.

"금화 서너 개 정도이지요."

"하지만 호디야! 내가 입고 있는 이 옷만 해도 금화 서너 개의 값은 나간다고요!"

"그야 물론이지요. 바로 그 사실을 저는 생각한 것이지요. 하지만 그 옷 안에 든 몸은 한없는 가치를 지닌 것이기 때문에 돈으로 환산하기가 불가능하단 말입니다!"

어리석은 바다

목이 몹시 마른 호디야는 바닷가에 가서 손으로 바닷물을 떠 약간 마셨다. 물론 짠 바닷물은 그의 갈증을 해소하기는커녕 오히려 더욱 부추겼다.

그래서 그는 바닷가를 떠나 걸어가다가 샘물을 발견했다. 맑은 샘물은 그의 갈증을 말끔히 없애주었다. 그는 물통에

샘물을 가득 넣은 뒤 다시 바닷가로 돌아가서 샘물을 바다에
부으면서 소리쳤다.

"너는 요란한 소리나 내고 있지 아무 짝에도 쓸모가 없는
무용지물이야! 자, 이 물의 맛을 보고 진짜 물이 어떤 것인지
알아두라고!"

아무도 읽을 수 없는 글씨

나스레딘 호디야는 자기가 사는 도시의 가장 좋은 학교를
다녔기 때문에 학식이 매우 풍부했다. 그래서 문맹자인 어느
가난한 농부가 그를 찾아가서 편지를 대신 써달라고 부탁했
다.

"어디에 보낼 편지인가요?"
"바그다드에 보낼 편지입니다."
"하지만 난 거기 갈 수가 없다고요!"
"당신이 거기 갈 필요는 없어요. 편지를 써주기만 하면 되
요!"

그러자 호디야는 왜 자기가 직접 바그다드에 가지 않으면
안 되는지 그 이유를 설명해 주었다.

"이봐요! 내가 손으로 쓴 글씨는 아무도 읽을 수가 없어요.

그러니까 난 내가 쓴 편지를 직접 읽어주기 위해서 거기 가
야만 한다고요!"

메추라기들의 부활

호디야가 사냥을 나가서 메추라기들을 잡았는데 털을 뽑
고 구워서 커다란 냄비에 넣고 뚜껑을 닫은 다음 친구들을
저녁식사에 초청하러 나갔다.

그가 외출한 동안 어떤 사람이 와서 구워진 메추라기들을
가져가고 그 대신에 살아 있는 메추라기들을 집어넣었다.

얼마 후 친구들을 데리고 집에 돌아온 호디야는 의기양양
한 태도로 뚜껑을 열었다. 메추라기들이 즉시 튀어나와 창문
을 통해 날아가 버렸다.

까무러칠 정도로 충격을 받은 호디야가 소리쳤다.

"오, 주님! 이건 참으로 놀라운 기적입니다! 오로지 주님께
서만 죽은 자를 다시 살려내실 수 있다고 저는 믿습니다. 하
지만 메추라기들을 요리하기 위해 제가 사용한 버터, 소금,
고춧가루, 각종 향료 등 이 모든 재료는 어떻게 보상을 받지
요?"

착각

멍청한 농부가 일자리를 찾아서 큰 도시로 올라갔다.

길을 걸어가다가 한 가게의 쇼윈도 앞에서 걸음을 멈추었다.

그는 거기 진열된 앵무새의 화려한 깃털에 정신없이 반한 나머지 이렇게 말했다.

"세상에! 당신은 정말 멋진 옷을 입고 있군요!"

그러자 앵무새가 그에게 쏘아붙였다.
"빌어먹을 놈 같으니! 지금 뭘 쳐다보는 거야?"
멍청한 농부는 소스라치게 놀라 대꾸했다.
"미안! 미안! 난 당신이 새인 줄 알았다고요!"

세상의 종말

한 사람이 호디야에게 물었다.
"호디야! 세상의 종말은 언제 오지요?"
"어느 종말을 말하는 거요?"
"무슨 소리예요? 세상의 종말은 몇 가지나 있는데요?"
"두 가지가 있지요. 첫 번째 종말은 내 마누라가 죽을 때 올 것이고 두 번째 종말은 내가 죽을 때 올 것입니다."

내가 시작한 일이 아니다

호디야가 기도하러 모스크에 갔다. 그의 셔츠가 매우 짧아서 뒤에 있던 사람은 그것이 보기 흉하다고 생각한 나머지 잡아당겨서 내려주었다. 호디야는 자기 앞에 있는 사람의 셔츠를 잡아당겨서 내렸다.

앞사람이 물었다.

"이게 무슨 짓이오?"

"나한테 묻지 말아요! 이건 내가 시작한 일이 아니라고요. 물어보고 싶다면 내 뒷사람에게 물어보시오!"

무덤

호디야는 자기 무덤의 정면을 거대한 나무문으로 막고 자물쇠를 채워서 아무도 무덤 안에 들어갈 수 없게 해 달라고 했다.

하지만 무덤의 사면에 벽이 하나도 없는, 그러한 무덤을 만들어야만 한다!

이것은 호디야의 마지막 농담일 것이다.